百貨店における
取引慣行の実態分析

戦前期の返品制と委託型出店契約

岡野 純司 著

文眞堂

本書に関する情報はこちらをご参照ください。
(正誤表等もこちらに掲載いたします)

URL: https://www.bunshin-do.co.jp/catalogue/book5273.html

はじめに

　本書は，仕入形態における返品制と出店形態としての委託型出店契約という取引慣行について，戦前期の百貨店における実態を分析することを目的とする。百貨店による返品制・委託型出店契約の利用は戦前期に始まり，戦後復興期以降徐々に拡大し，百貨店のリスク，仕入資金等を納入業者が負担する効果の高い売上仕入が，現在では百貨店における仕入シェアの過半を占めるまでに至っており，必要不可欠な取引慣行になっている。
　返品制は百貨店が豊富な品揃えを形成する際に生じる商品の売れ残りリスクや仕入資金を納入業者に負担させる機能を有し，委託型出店契約は返品制の機能に併せ，百貨店の人的資源を派遣店員により補完する機能を有する取引慣行である。こうした百貨店にもたらす正の効果に対し，百貨店が購入業者の機能提供に過度に依存しすぎることによりマーチャンダイジングを実行する能力を喪失し，低収益構造に陥るといった負の効果をもたらしていると評価されている。百貨店が正負の効果を有する返品制・委託型出店契約を活用しつつ経営の再生を図るためには，これらの実態と百貨店経営に与えた影響を戦前期にさかのぼって明らかにすることがその一助となる。
　本書においては，戦前期における百貨店をめぐる経営環境およびそれに対応した百貨店の経営戦略の変化のなかから，百貨店・納入業者間でいかなる取引慣行が生まれ，そうした取引慣行がどのような分野で普及していったのかを歴史的・具体的に考察する。とくに①百貨店における取引慣行の実態と普及した理由，②商品・サービス提供分野ごとの仕入形態・出店形態の特徴と相互の異同，③各仕入形態・出店形態の下での百貨店と納入業者の関係のダイナミズムに着目しながら分析が進める。
　このような研究に取り組んだ背景としては，筆者が百貨店の売場や法務・経理部門に勤務し，これら取引慣行を扱う実務に従事した経験による。こうした経験の中から百貨店独自の取引慣行に興味を持ち，企業勤務のかたわら商学・

法学の視点から長年にわたり研究活動を行ってきた。大学教員に転じてからも研究を継続し，本書は戦前期を対象としたその成果の一部である。

本書の特徴は，筆者の実務経験や研究歴から，流通・小売研究のみならず，経済法・契約法といった法学分野の研究成果を取り込んだ研究を試みた点にある。これは従来の取引慣行を対象とした研究の成果が双方でうまく活用されていないことや，複雑で多様な実態を持つ取引慣行を正確に分析するには多面的な視点が必要となるためである。ただし，資料・文献の分析がまだ不十分であり，さらなる検討や検証が必要な箇所も多い。いずれも筆者の力量不足によるものであり，今後の研究課題としたい。

筆者が本分野の研究に着手してから本書の刊行まで27年という長い年月を費やしてしまった。今振り返ってみると，その過程で多くの方々にご指導，ご助力を賜っている。紙面の制約からここで全員のお名前を挙げることはできないが，とりわけ本書の刊行が実現したのは次の諸先生方に負うところが大きい。この場を借りて心より感謝申しあげたい。

沢井実先生（大阪大学名誉教授・住友史料館館長）は，南山大学社会科学研究科博士後期課程において指導教授としてご指導いただき，企業の歴史研究に蓄積が少ない筆者の学位論文に大所高所から大変貴重なご意見を賜った。また，本書の刊行に際しても，その内容や進め方について多くのご指導，ご助力を賜った。南山大学の石垣智徳先生，中島裕喜先生，南川和充先生からは，博士後期課程在学中あるいは経営学部客員研究員在任中（2023年4月から2024年3月まで）に多くのご指導やご助力を賜った。本書は，筆者がこうして完成させ南山大学社会科学研究科に提出した学位論文に加筆・修正したものである。

矢作敏行先生（法政大学名誉教授）は，筆者が20代の頃に法政大学社会科学研究科修士課程において指導教授としてご指導いただき，戦前期における返品制を流通・小売研究の観点から研究するきっかけを与えて下さった。その後も地域商業研究会などさまざまな場において，引き続きご指導いただいている。同研究会においては，関根孝先生（専修大学名誉教授）や，同じ矢作先生の門下である岸本徹也先生（日本大学），浦上拓也先生（神奈川大学），会員の諸先生方から多くの貴重なご意見を賜っている。

本書で研究成果を取り入れている法学分野において，金井貴嗣先生（中央大学名誉教授）は，返品制を規制する独占禁止法の研究で長年にわたりご指導いただいている。松本恒雄先生（一橋大学名誉教授・弁護士）は，契約法の側面から返品制・委託型出店契約を捉える研究で長年にわたりご指導いただいている。

　専修大学の田口冬樹先生（同大学名誉教授），渡辺達朗先生には，長年にわたり流通・小売研究に関する多くのご指導やご助力を賜っている。日本商業学会では，同じく百貨店を研究する河田賢一先生（常葉大学），藤岡里圭先生（東京大学），宮副謙司先生（青山学院大学）から学会の場で貴重なご意見を賜るだけでなく，学会の枠を超えてさまざまな研究の場をご提供いただいている。

　資料の収集については，伊勢丹（現三越伊勢丹ホールディングス）総務部広報担当，J.フロントリテイリング史料館，高島屋史料館からご協力を賜った。筆者の所属する愛知学院大学には，国内研究制度により南山大学経営学部に客員研究員として派遣していただき，本書の執筆を進める機会を与えていただいた。関係者の皆様に心よりお礼申しあげたい。

　本書の刊行については，厳しい出版事情の中，本書の出版を快くお引き受けくださった文眞堂代表取締役社長前野隆氏，営業部前野弘太氏に心より感謝の意を表したい。初めての単著となり勝手が分からず筆が遅い筆者を，草稿から刊行に至るまで適切に導いていただいた。

　最後に私事ではあるが，長年にわたる研究活動を応援してくれた家族に心より感謝したい。

　本書は，日東学術振興財団第36回研究助成「法学の知見を取り入れた，百貨店が納入取引に利用する取引慣行（返品制・派遣店員制）に関する実態・変化の歴史的研究—戦前期から1950年代までの期間を対象として—」および科学研究費助成事業・若手研究「百貨店が店舗の品揃えに形成に利用する仕入形態に関する歴史的研究（研究課題番号22K13441）」による研究成果の一部である。

目　次

はじめに ……………………………………………………………………… i

序　章　百貨店経営を支える取引慣行の歴史的な意義 …………… 1

1．百貨店が利用する仕入形態・出店形態の定義 ……………………… 1
2．先行研究の整理 …………………………………………………… 2
　2.1　仕入形態の先行研究 ………………………………………… 2
　2.2　委託型出店契約の先行研究 ………………………………… 4
　2.3　本書における時期区分 ……………………………………… 5
3．本書の目的と構成 ………………………………………………… 6

第1章　百貨店の品揃えと仕入形態 …………………………………… 9

1．はじめに …………………………………………………………… 9
2．百貨店の品揃えと形成上の制約 ………………………………… 10
　2.1　百貨店の品揃えの特徴 ……………………………………… 10
　2.2　MDとその実行上の課題 …………………………………… 11
　2.3　返品制および委託型出店契約による経営資源の補完 …… 13
3．仕入形態の概要 …………………………………………………… 14
　3.1　百貨店における口座制 ……………………………………… 14
　3.2　買取仕入 ……………………………………………………… 15
　3.3　委託仕入 ……………………………………………………… 17
　3.4　売上仕入 ……………………………………………………… 18
　3.5　リスク・仕入資金の負担からみた仕入形態の比較 ……… 20
　3.6　返品特約付買取仕入，委託仕入および売上仕入の類似点 … 23
4．小　括 ……………………………………………………………… 25

第2章　委託型出店契約 ……………………………………… 30

1. はじめに ……………………………………………………… 30
2. 販売業務委託・ケース貸の概要と3類型で共通する特徴 …… 30
   - 2.1　販売業務委託の概要 …………………………………… 30
   - 2.2　ケース貸の概要 ………………………………………… 31
   - 2.3　委託型出店契約3類型における各主体間の関係 ……… 32
   - 2.4　委託型出店契約3類型で共通する特徴 ………………… 34
   - 2.5　欧米における出店契約の利用実態および我が国との相違 … 35
   - 2.6　百貨店による委託型出店契約利用上の評価 …………… 36
3. 委託型出店契約と賃貸型出店契約との比較 ………………… 37
   - 3.1　賃貸型出店契約の概要 ………………………………… 37
   - 3.2　対内関係の比較 ………………………………………… 38
   - 3.3　百貨店・納入業者と顧客との関係の特徴 …………… 42
   - 3.4　営業統制の比較 ………………………………………… 43
   - 3.5　インショップにおける経済的特徴の比較 …………… 45
4. 小　　括 ……………………………………………………… 47

第3章　百貨店の経営環境と品揃えの変化 ……………… 52

1. はじめに ……………………………………………………… 52
2. 百貨店の経営環境と品揃えの変化 …………………………… 53
   - 2.1　百貨店の経営環境 ……………………………………… 53
   - 2.2　生活の洋風化と衣料品の状況 ………………………… 54
   - 2.3　衣料品の販売形態 ……………………………………… 55
3. 百貨店の市場対応と成長過程 ………………………………… 56
   - 3.1　百貨店の成長過程の概要 ……………………………… 56
   - 3.2　百貨店化の開始と品揃えの拡大 ……………………… 57
   - 3.3　品揃えの大衆化 ………………………………………… 58
   - 3.4　店舗の連続的増床と支店網の拡大 …………………… 60
4. 百貨店における経営資源不足とその補完 …………………… 62

4.1　設備・仕入資金の状況 …………………………………………… 62
　　4.2　人的資源の量的な状況 …………………………………………… 64
　　4.3　人的資源の質的な状況 …………………………………………… 65
　5．納入業者の状況 ………………………………………………………… 69
　　5.1　卸売業者の状況 …………………………………………………… 69
　　5.2　百貨店・卸売業者間の取引の状況 ……………………………… 70
　6．戦前期における百貨店の仕入形態・出店形態 …………………… 71
　　6.1　百貨店の仕入形態・出店形態の概要 …………………………… 71
　　6.2　百貨店の売場における外観上の特徴 …………………………… 73
　7．小　　括 ………………………………………………………………… 75

第4章　買取仕入に基づく返品の利用実態 …………………………… 80

　1．はじめに ………………………………………………………………… 80
　2．「制度化されていない返品」の範囲 ………………………………… 81
　　2.1　買取仕入に基づく返品の契約法学的解釈 ……………………… 81
　　2.2　百貨店特殊指定に基づく返品の規制 …………………………… 81
　　2.3　本章における「制度化されていない返品」の範囲 …………… 83
　3．買取仕入に基づく返品の利用実態 ………………………………… 84
　　3.1　百貨店からみた返品の端緒 ……………………………………… 84
　　3.2　納入業者からみた返品の端緒 …………………………………… 86
　　3.3　返品が行われていた商品分野と返品方法 ……………………… 88
　　3.4　「制度化されていない返品」の実態 …………………………… 89
　　3.5　返品が百貨店・納入業者に与える悪影響と社会問題化への対応
　　　　　………………………………………………………………………… 90
　4．小　　括 ………………………………………………………………… 93

第5章　委託仕入の利用実態 …………………………………………… 98

　1．はじめに ………………………………………………………………… 98
　2．委託仕入の利用実態 ………………………………………………… 99
　　2.1　一般的な委託販売の利用実態 …………………………………… 99

2.2　百貨店における委託仕入導入の端緒と拡大の経緯 ……………… 101
   2.3　利用分野・利用目的 ……………………………………………… 102
   2.4　委託仕入の量的な利用実態 ……………………………………… 105
   2.5　納入業者からみた委託仕入の利用実態と百貨店・納入業者の関係
   　　　　　……………………………………………………………………… 107
   2.6　百貨店経営者による委託仕入の評価 …………………………… 109
 3．委託仕入の利用例：白木屋の事例 ………………………………… 111
   3.1　山田忍三の白木屋入社と特別現金仕入の導入 ………………… 111
   3.2　特別現金仕入の実態および委託仕入との相違 ………………… 112
   3.3　特別現金仕入の成果と廃止 ……………………………………… 114
   3.4　特別現金仕入の評価 ……………………………………………… 115
 4．小　　括 ……………………………………………………………… 116

第6章　委託型出店契約の利用実態 …………………………………… 121

 1．はじめに ……………………………………………………………… 121
 2．委託型出店契約の利用実態 ………………………………………… 122
   2.1　委託型出店契約導入の端緒 ……………………………………… 122
   2.2　委託型出店契約3類型の利用実態 ……………………………… 124
   2.3　委託型出店契約の一般的な利用分野とその外観 ……………… 125
   2.4　名店街タイプの委託型出店契約における利用分野とその外観 … 127
   2.5　委託型出店契約利用による百貨店・納入業者の相互依存関係 … 127
   2.6　百貨店による納入業者に対する営業統制の実態 ……………… 130
   2.7　委託型出店契約の評価 …………………………………………… 132
 3．商品分野における委託型出店契約の利用例 ……………………… 133
   3.1　実演販売における利用例 ………………………………………… 133
   3.2　物産展での利用例 ………………………………………………… 135
   3.3　名店街における利用例 …………………………………………… 139
 4．サービス提供分野における委託型出店契約の利用例：食堂の事例 … 143
   4.1　百貨店化開始後における食堂運営 ……………………………… 143
   4.2　食堂の拡大と運営実態 …………………………………………… 145

4.3　食堂運営における外部委託と業務の分業 ……………………… *146*
　4.4　百貨店による直営方式の拡大…………………………………… *147*
　4.5　特別食堂の設置と子会社による食堂運営 …………………… *149*
　4.6　直営と委託の併用事例 ………………………………………… *151*
　4.7　1936年当時の百貨店食堂における委託型出店契約の利用状況 … *152*
　4.8　食堂運営における百貨店・納入業者の関係の具体例 ……… *155*
　5．小　　括……………………………………………………………… *157*

終章　考察と含意 …………………………………………………… *164*

　1．百貨店における取引慣行の普及理由 ……………………………… *164*
　2．仕入形態・出店形態ごとの利用分野の相違 …………………… *167*
　3．含　　意 ……………………………………………………………… *171*

参考文献 ……………………………………………………………………… *175*
索　引 ………………………………………………………………………… *181*

序章[1]

百貨店経営を支える取引慣行の歴史的な意義

1．百貨店が利用する仕入形態・出店形態の定義

　百貨店は店舗の品揃えを形成するために，多様な仕入形態・出店形態を利用している。このうち仕入形態は，百貨店が納入業者から商品を仕入れて顧客に再販売するものである。これは買取仕入，委託仕入および売上仕入（消化仕入）の3つに分類することができ（図序-1），さらに買取仕入は，売れ残り商品の返品ができない完全買取仕入と事前に返品が約定された返品特約付買取仕入に分類することができる。完全買取仕入以外の仕入形態は，百貨店へ商品を納入した製造業者・卸売業者（以下，総称して「納入業者」という）に対し売れ残った商品を返品・返戻することが可能となっている[2]。このように小売段階に生じる売れ残りリスクを納入業者が負担することは，日本の百貨店の品揃えを成り立たせていると評されている[3]。

図序-1　百貨店の品揃え形成の基盤となる取引形態

出所：岡野（2012：22）を一部修正。

一方で百貨店は，自らの店舗の一部に納入業者を出店させる出店形態を利用する場合もある。とくに近年，百貨店のインショップ（箱売場）において多用され[4]，スーパーやショッピングセンター等の一部でも利用されているものが売上仕入である。これに類似する出店形態として販売業務委託およびケース貸も利用されている（以下，出店形態の3類型を総称して「委託型出店契約」という）[5]。このほか，ショッピングセンターや百貨店の一部で利用されている賃貸借に基づく出店（以下「賃貸型出店契約」という）があり，これは出店者が商業施設の運営者から営業統制を受けることが特徴となっている。

委託型出店契約を法的性質から見ると，百貨店の店舗の一部を使用するだけに止まらず百貨店・納入業者双方の営業と結合して多様な性質を有する契約である。例えば売上仕入は，買取仕入および委託仕入と並び，小売業者が利用する商品の仕入形態のひとつとしての性質を有するとともに，納入業者が百貨店の店舗の一部に出店することから出店形態としての性質も有している。このため売上仕入は，仕入形態・出店形態双方の面から法的性質や経済的特徴を分析することが可能である[6]。

百貨店は，これら売れ残り商品の返品・返戻が可能な仕入形態や，納入業者から百貨店の店頭に派遣される派遣店員の提供を併せて受ける委託型出店契約に過度に依存することにより，マージン率の低下や小売業務の遂行能力の低下を招き，これらが経営危機の一因となっていると指摘されている[7]。さらに競争政策の観点からも，百貨店が買取仕入により一度買い取った商品を納入業者に返品する行為は，納入業者の自由かつ自主的な判断による取引を阻害するおそれがあるとされている[8]。このため，当該行為は1953年以降，独占禁止法の不公正な取引方法の一類型である優越的地位の濫用として規制されている[9]。

2．先行研究の整理

2.1　仕入形態の先行研究

百貨店が利用する仕入形態・出店形態を歴史面から分析した研究を，それぞれ整理する。

仕入形態については買取仕入・委託仕入に基づく売れ残り商品の返品・返戻

が百貨店・納入業者間の取引慣行（以下「返品制」という）として拡大し，社会問題として表立って取り上げられるようになった第二次世界大戦後を分析対象とするものが大半であり，戦前期は直接的な対象とされてこなかった。

具体的に，百貨店における返品制の成立時期について，1990年代までの研究では大手アパレル業者であるオンワード樫山の創業者である樫山純三が自叙伝で述べた「委託取引」に関する記述に基づき，戦後復興期とするものが多かった[10]。樫山は自叙伝で百貨店が売れ残った商品を返品することができる制度である「委託取引」について「百貨店に在職し，やめてからも全国の百貨店を歩き回った経験を流通戦略に生かしたものに過ぎない。二十八年当時としては画期的な試みであった。後にこうした制度が一般化し」たと記述している。この記述における「委託取引」は，派遣店員の取引慣行（以下「派遣店員制」という）と返品制がセットで利用されることについて百貨店・アパレル業者間の取引に普及する端緒となったと捉えるのが適切であるといえる。

一方で，その後の研究の進捗により，返品制は戦前期から百貨店・納入業者間の納入取引において普及していたことが明確になっている[11]。戦前期における返品制の利用実態を直接的な研究対象とした研究は少なく，返品制研究の一部分で触れたものが多い。これらが指摘する返品制の端緒は大きく2つに分けられる。第一に，返品制の端緒は白木屋が用いた「特別現金仕入」とするものであり，加藤（2000：166-168）では白木屋（1957）などの記述を根拠に戦前期に返品制が成立していたことを肯定し，同様に江尻（2003：113-41）でも特別現金仕入を根拠に「返品制の戦前起源説」を主張している。坪井（2013aおよび2013b）では，白木屋の特別現金仕入が百貨店の委託仕入の起源であるとして，白木屋に関する複数の文献を用いてこれを分析している。

第二に，戦後復興期の公正取引委員会による記述を根拠に，戦後復興期における百貨店・納入業者間の売れ残りリスクの分担が不明確な「制度化されていない返品」とは異なり，戦前期における返品の実態は，一定のルールの下でリスクの分担が明確な「制度化された返品」であったとするものである。この見解を詳しく検討すると，高岡（1997）では，戦後復興期に百貨店が返品制と派遣店員制を用いて経営資源の不足を納入業者から補完することにより成長機会を捉えたものの，戦前期に比べ返品制が量的に拡大し，かつ，質的にも「制度

化された返品」から「制度化されていない返品」に転換したために社会問題化し，1954年の百貨店特殊指定の制定による返品制の規制につながったと説明している[12・13]。この見解では，戦前期の「制度化された返品」の実態について，帽子・玩具などの取引を例として売れ残り商品を返品する際に，卸売業者が引き取る価格を百貨店の仕入価格より一定率引き下げることにより，「戦前の返品システムでは，一定のルールのもとで，百貨店と卸売業者とが，リスクを分担していた。つまり『制度化された返品』であった」と指摘している[14]。そしてこの見解が近年の百貨店研究において広く用いられている[15]。

　これら先行研究から導かれる課題として，第一に，従来の戦前期における返品制の分析は，主として白木屋の「特別現金仕入」に関する資料・文献や，戦後の公正取引委員会の資料という限られたものに基づき説明されており，これらの資料・文献が百貨店における当時の実態を反映したものであるかさらに検討が必要な点が挙げられる。第二に，戦前期・戦後復興期を扱った各研究では，委託仕入の定義が多様であり，これが契約法学・会計学で捉えている委託販売（第5章第2節を参照）と同一または相違したものであったのか，あるいは白木屋の「特別現金仕入」が返品特約付買取仕入または委託仕入であったのか，さらに分析が必要であることが挙げられる。

2.2　委託型出店契約の先行研究

　委託型出店契約に関する先行研究として，商学・経営学の領域では売上仕入を百貨店・アパレル研究において部分的に取り上げるものが多い[16]。これを主な対象として分析したものは会計処理の側面から分析した岡部（2000）などごく少数であり，かつ，販売業務委託・ケース貸を主な対象とした研究はない。歴史的な研究として，高度経済成長期以降日本の百貨店が商品の売れ残りリスクを回避するため売上仕入を多用して衰退につながったと説明するものや[17]，売上仕入がアパレル業者による百貨店店頭での主導権獲得のために利用されたと説明するものがある[18]。一方で，戦前期を対象とした研究はない。

　このように，返品制・委託型出店契約の歴史的な研究が非常に少ない中，百貨店で長年普及しており，かつ，近年拡大するなど変化が著しい返品制・委託型出店契約の端緒である戦前期の利用実態を検討することは大いに意義のある

ことと思われる。しかし，戦前期における返品制や委託型出店契約の研究が少ない要因のひとつには，これを記述した一次・二次資料が非常に少ない点が挙げられる。

今まで筆者は，百貨店における返品制・委託型出店契約に対する研究上の空白を埋めるため，長年にわたり歴史的な資料を収集してきた。これらに基づき，戦前期の買取仕入に基づく返品については岡野（2002），岡野（2004a），岡野（2019）および岡野（2021b）で分析している。委託仕入については岡野（2002）で部分的に取り上げ，岡野（2022）において法的性質，会計処理の特徴などを分析している。委託型出店契約については，岡野（2012）において売上仕入の法的性質，経済的特徴および契約書の規定について分析し，岡野（2020）において委託型出店契約を仕入形態・出店形態双方の側面から分析している。戦前期における歴史的な分析としては岡野（2021a）が挙げられる。

2.3　本書における時期区分

ここで本書における時期区分について説明する。筆者の今までの研究や先行研究から，百貨店における取引慣行の変化は，大きく分けて戦前期・戦時期・戦後復興期・高度経済成長期・安定成長期・長期不況期・現在でそれぞれにみられる。このうち本書において分析対象とする期間は戦前期（さらに第1期・第2期に区分する）であり，その比較として戦後復興期の取引慣行について触れるため，この区分を明確化する。

戦前期は，百貨店の品揃えや取引慣行の変化という観点から定義する。始期は，一部の呉服店が百貨店化を開始し，品揃えが大規模に拡大し始めた1904年とする。終期，すなわち戦前期と戦時期との境界は，一般に日中戦争が開始し，我が国において経済統制が強化され始めた1937年に設定する場合が多いと思われる。一方で本書においては，1939年を戦前期の終期とし，百貨店の品揃えや消費財の流通の統制が強化され始め，百貨店経営に大きな影響がみられるようになった1940年を戦時期の始期とする。戦時期と戦後復興期の境界は太平洋戦争の終戦時（1945年）とし，1954年を戦後復興期の終期とする。

本書では品揃えの大衆化などにより百貨店の経営行動が大きく変化した1920年前後を境界として，戦前期を第1期と第2期に区分する（区分の詳細

な説明は第3章第2節および第3節を参照)。第2期は1920年代から昭和恐慌期を経て1930年代までの長期間となる。百貨店の内部・外部環境や経営行動をみると,さらに詳細に区分することが可能であると思われるものの,文献・資料の制約とこれらに記述された第2期における取引慣行の実態に共通性・連続性がみられることから,この期間を一括して第2期として取り扱う。

3. 本書の目的と構成

本書では,百貨店に生じる商品の売れ残りリスクや仕入資金を納入業者に負担させる機能を有する返品制と,これに百貨店の人的資源を補完する機能を有する派遣店員制を併せた持った委託型出店契約を分析対象とする。今まで発表してきた各取引慣行の分析を発展させ,消費の変化などの外部要因および百貨店における経営戦略の変化などの内部要因を踏まえ,これら取引慣行が戦前期において百貨店に導入され普及した経緯と利用実態,百貨店・納入業者間の関係などについて,文献・資料等を用いて定性的に明らかにする。

本書では,視点として次の3点に着目して分析を行う。第一に,百貨店における取引慣行の利用実態と普及理由に着目する。ここでは,現在と戦前期の返品制・委託型出店契約の利用実態における類似点を明らかにしつつ,これらが百貨店・納入業者間の取引に普及した理由について考察する。

第二に,取引慣行ごとの利用分野の相違とその理由に着目する。ここでは,百貨店の経営資源の保有状況から,商品・サービス提供分野ごとに利用される仕入形態・出店形態に相違がみられたことを明らかにする。

第三に,返品制・委託型出店契約下での百貨店・納入業者間の関係に着目する。ここでは,百貨店が一方的に有利であり,納入業者が不利な返品制が行われているように見えるものの,百貨店・納入業者間にお互いの経営資源を利用し合う相互依存関係が成立していたことを明らかにする。

これらの目的・視点を踏まえて,本書では,次の構成で分析を行う。第1章および第2章は,本書における研究課題である,戦前期における百貨店・納入業者間の取引慣行を分析するための基礎的な事項を分析する。第1章では,小売業態としての百貨店の品揃えの特徴と納入業者から経営資源を補完する必要

性，そしてこの手段として売れ残り商品の返品・返戻が可能な仕入形態それぞれの特徴を明らかにする。第2章では，百貨店の経営資源を補完する効果が高い委託型出店契約の概要とこの3類型の経済的効果が一致していること，百貨店がこれらを利用することに対する評価を検討し，次いで賃貸型出店契約との比較検討を行う。

　第3章から第6章までは，第1章および第2章の分析に基づき，戦前期における返品制・委託型出店契約の分析を行う。第3章では，買取仕入に基づく返品，委託仕入および委託型出店契約の利用実態を分析する前提として，当時の百貨店・納入業者の経営環境と百貨店内部の経営資源の状況および百貨店・納入業者の関係を分析する。第4章では百貨店が利用した買取仕入に基づく返品制の利用実態について，第5章では委託仕入の利用実態について，第6章では委託型出店契約の利用実態についてそれぞれ詳細に分析する。とくにここでは，これらの取引慣行が利用され始めた端緒，利用実態，利用分野，利用に基づく百貨店・納入業者の関係についてそれぞれ詳細に検討する。

　終章では本書の検討結果について，百貨店の経営資源の補完効果を有する取引慣行の普及理由，買取仕入，委託仕入および委託型出店契約ごとの利用分野の相違とその理由，ならびに百貨店・納入業者間の相互依存関係をまとめ，最後に今後の研究課題を提示する。

　以上の分析により戦前期において百貨店に普及した返品制・委託型出店契約という取引慣行の実態を明らかにし，この分野における研究上の空白を埋めることを目指す。

注

1　本書における引用部分では，旧字体は新字体に改め，歴史的仮名遣いは現代仮名遣いに改め，誤字・当て字は原文のまま記載した。
2　百貨店への商品の所有権移転が生じる買取仕入と，移転が生じない委託仕入・売上仕入における納入業者に対する商品返還は明確に区別されるものであり，本書では，買取仕入における商品返還を返品と定義し，委託仕入・売上仕入における商品返還を返戻と定義して区別する。
3　田口（2016），p. 111。
4　インショップとは，主として百貨店が売場の一部に簡易な障壁等を設けて同一ブランドの商品を集積し，このブランドを掲示して販売する展開方法をいう。一般に賃貸型出店契約に基づく出店者はテナントと称し，委託型出店契約に基づく出店者はインショップと称することが多いようである。

5 委託型出店契約は一般的に使用されている用語ではなく筆者の造語であるが，本書では小売店舗で利用する出店契約の特徴を明確に区別するためにあえてこのような呼称を用いて論述する。
6 岡野 (2012), pp. 21-22。
7 岡野 (2011), pp. 209-291, および岡野 (2012), pp. 18-22。
8 公正取引委員会「優越的地位の濫用に関する独占禁止法上の考え方」(改正平成29年6月16日), pp. 2-3。
9 私的独占の禁止及び公正取引の確保に関する法律 (昭和22年法律第54号)。
10 樫山 (1998), pp. 70-72。他にも，小山田 (1984：90) では「返品制は戦後に参考上代・掛け率制・一商圏一店主義とセットで，アパレル企業のキャラバンがスタートさせた取引方式」であるとしている。
11 岡野 (2002), 岡野 (2004a) および河田 (2010) では返品制のオンワード樫山起源説を明確に否定している。
12 百貨店業における特定の不公正な取引方法 (昭和29年公正取引委員会告示第7号)。
13 百貨店特殊指定の制定により，百貨店・納入業者間の仕入形態が機会主義的な行動の余地が大きい返品制からマージンが高くお互いが納得できるルールである委託仕入にシフトし定着したと説明している。
14 高岡 (1997), p. 22。
15 例えば木下 (2004), pp. 155-156, および新井田 (2010), pp. 33-35 などが挙げられる。
16 百貨店は売上仕入を多用したため衰退したと説明されることが多く，ここから百貨店研究の論稿では売上仕入を取り上げることがあり，その代表的なものとして江尻 (2003) が挙げられる。また，売上仕入はアパレルによる百貨店店頭の主導権獲得のために利用されているため，同様にアパレル研究の論稿で部分的に取り上げられており，代表的なものとして木下 (2011) が挙げられる。
17 代表的なものとして江尻 (2003)。
18 木下 (2011)。

第1章

百貨店の品揃えと仕入形態

1．はじめに

　本章では，戦前期における返品制・委託型出店契約を分析するための前提となる知識として，小売業態としての百貨店の品揃えの特徴と納入業者から経営資源を補完する必要性，補完手段として利用される仕入形態の特徴を明らかにする。岡野（2011：286）においては，百貨店の小売業態戦略上の特徴のひとつが幅広い品揃え形成にあることを明らかにした。本章の分析では，幅広い品揃え形成の重要性と形成する際の制約，制約の克服方法としての返品制・委託型出店契約の利用を詳細に論じることとなる。また，岡野（2012）においては仕入形態のうち売上仕入の法的性質と経済的特徴を明らかにした。この際の分析視点であるリスクと仕入資金の負担，会計処理の特徴，百貨店のマージン率の相違などに着目して各仕入形態の特徴を分析する。

　本章の構成として，第2節では百貨店の小売業態戦略上の特徴を明らかにし，第3節ではこの戦略の中での品揃えの役割を検討し，品揃え形成の過程で生じるリスク対応，仕入資金等の制約について明らかにする。そして，第4節では，これらの制約を克服するために百貨店で利用されている各仕入形態の特徴を比較する。これらの検討により，第4章以降での戦前期における百貨店の返品制・委託型出店契約の実態を分析する際の基礎とする。

2. 百貨店の品揃えと形成上の制約

2.1 百貨店の品揃えの特徴

　小売業者は，自らの店舗の面積を拡大し，ここに展開する商品の品揃えの幅・奥行きを拡大することで集積の利益を得ようとする[1]。この利益は，小売業者にとって品揃えが充実することにより，店舗の魅力あるいは市場ニーズへの対応力が拡大して顧客を遠方から吸引する力（顧客吸引力）が増大し，これにより収益が増加することから得られるものである[2]。

　小売業者が集積の利益を得ることは，これに商品を納入する納入業者にも収益の増加をもたらすだけでなく，消費者にも利益をもたらす。消費者は，商品を購入する店舗に多様な品揃えが集中するため，商品購入を1か所で済ませることができるというワンストップ・ショッピング，および特定の商品カテゴリーの商品の比較購買を1か所でできるというコンパリゾン・ショッピングをすることが可能となる。これにより消費者は，魅力のある店舗で買い物ができ，かつ，店舗へのアクセス・コスト，時間コストといった商品の購買に必要な費用節減の利益を享受する[3]。このように，小売店舗の面積が拡大し，品揃えの幅が広がる，あるいは奥行きが深くなることは，小売業者・納入業者・消費者それぞれに利益をもたらす。

　一方で品揃えの量を考える場合，品揃えの幅・奥行き（これらは売場の面積に制約を受ける）を一定時点だけでなく一定期間内で捉えることが重要である。すなわち同一商品を反復購入する傾向がある最寄品に比べ[4]，百貨店で主に取り扱っている買回品では[5]，流行や季節性が購買決定の重要な要素のひとつとなり，これらに対応して顧客を吸引するため店頭での展開商品の入替え期間が短くなるのが一般的である。

　品揃えは量だけでなく質も重要な要素となる。大量かつ単純に商品を並べるだけでは大きな顧客吸引力を持つことができず，顧客が魅力を感じる値頃感，高品質，希少性，有力ブランドなどを有した商品を取り揃えることが重要となる。

　こうした品揃えの要素を踏まえて説明すれば，百貨店は，交通アクセスの良

い都市中心部の大規模な店舗に，幅広く奥行きのある買回品を中心とした品揃えを行いワンストップ・ショッピングとコンパリゾン・ショッピングを実現し，これら品揃えを販売するために販売員による接客など高レベルの付帯サービスを展開するという基本要素に基づき競争戦略を展開する小売業態である[6]。とくに商品の品揃えでは，一定時点の量の多さだけでなく，季節性，流行性のある商品を展開し，これを歳時記に合わせ頻繁に入れ替えており，かつ，短期間で行われる催事販売等も多く，一定期間で見ても膨大なものとなる。百貨店は，この商品の量においてそれぞれの商品の質を向上する必要がある。

2.2 MDとその実行上の課題

　百貨店が品揃え形成をするために行う店舗運営は，店舗レベルのストアオペレーションと売場レベルの業務プロセス管理の2つからなり，これらの成果が顧客に対する価値水準を大きく左右する[7]。そして売場レベルの業務プロセス管理では，品揃えを計画し，商品を仕入れ，管理・陳列し，販売する一連の小売業務が行われ，この業務は実務上マーチャンダイジング（以下「MD」という）と称されている[8]。百貨店が衣食住にわたる幅広い商品分野の売場を自ら運営するためには，すべての売場でMDを実行する必要が生じる。しかし，百貨店がMDを実行して商品の品揃えの量と質を実現する際には以下のとおりいくつか制約が存在する[9]。

　(1)　リスクによる制約

　品揃えを形成する際には，商品の所有に伴うリスクが生じるためこれへの対応が必要となる。このリスクは，百貨店が商流の過程で再販売する商品の所有権を持つことに起因して生じるものであり，商品の搬入・保管・陳列の際に生じる商品管理上のリスクや[10]，商品の売れ残りリスクなどが含まれる[11]。

　このうち商品の売れ残りリスクが小売経営上もっとも関心の高いものであり，とくに百貨店が多く取り揃える流行性，ファッション性の高い衣料品や身のまわり品，雑貨などでは，流行，気候等の要因を勘案して需要を的確に把握し，販売量の予測を立てて仕入を実行し，これを売り切る努力をしなければ

商品が売れ残るリスクが顕在化しやすくなる。また，季節商品や歳時記に合わせた商品，短期催事等で販売する商品は，販売期間が限られているため潜在的に商品が売れ残るリスクが高いといえる。さらに百貨店では，品揃えの幅が広く奥行きが深いため，取り揃える商品の範囲・種類が多く，かつ，コンパリゾン・ショッピングの際の品揃えの魅力を高めるため売れ筋商品以外にも商品を取り揃える必要があるため，売れ残りリスクは他の小売業態に比べさらに高いものとなる。

(2) 仕入資金による制約

納入業者から商品を仕入れて所有権を獲得するためには，その対価の支払い（仕入資金）が必要となる。高単価かつ幅広く奥行きの深い品揃え形成が必要である百貨店は，他の小売業態より必然的に多額の仕入資金を必要とする。仕入資金が不足する場合のひとつの解決策は，在庫量を削減して商品の回転率を向上させ，ひいては仕入資金の回転を向上させることにより，小額の資金で品揃えを可能とすることである。

在庫は，①店頭で現に展開しており売れている商品の在庫（通常在庫），②店頭に陳列しているが売れておらず，あるいは陳列から下げられてしまった商品の在庫（不良在庫）に分類することができる。小売業者は，これら2種類の在庫を極小化するためにさまざまな工夫を凝らしている。百貨店では，①の通常在庫が過剰となることを防ぐため，情報的な在庫調整手段として[12]，計数に基づいた在庫の科学的管理や卸売業者の機能を活用した多頻度小口発注を戦前期から導入してきた[13]。一方で，商品回転率を向上するために，一概に通常在庫を抑制すればよいというものではない。販売規模に比して少なすぎる在庫は品目構成やストック数量に支障を生じ，欠品による売り逃しを生じさせることになる。すなわち小売業者は「在庫切れが生じないように注意を払いながらできるだけ在庫圧縮に取組むこと」を課題としている[14]。しかし，情報的な在庫の調整手段は，商品の需要に関する精度の高い情報を入手・活用して販売予測を立て，実際に売り切る販売活動を行う必要がある。これら一連の活動により成果を得るには，MDの精度を高めることが重要となる。

これに対し②の不良在庫は売上実現に結びつかない在庫であり，これを減

らすことは欠品を生じさせずに実施できる在庫削減策である。不良在庫はMDの精度向上により発生自体を抑制することが可能となる。しかしどのようにMDの精度を高めたとしても商品の売れ残りによる不良在庫は発生し得るものであり，最終的にはこの在庫を直接削減することが必要となる。不良在庫の削減手段として小売業者が一般的に用いるのは，市場的な在庫調整手段としての値下げ（マークダウン）販売である。ただし値下げは，小売業者のマージンを削って実行する必要があり，売れ残りリスクの高い買回品を取り扱う百貨店が恒常的かつ大規模にこれを行うと，利益率が大幅に低下するおそれを生じさせる。

(3) MDによる制約

百貨店では店舗が立地する地域や季節に応じた多様な商品を取り扱い，かつ，業務を集約しづらい組織運営形態や労働集約的な対面販売を採用している[15]。これらのことからMDに関する業務（以下「MD業務」という）の実行を人的資源に依存しており，MD業務を実行する際には，従業員の量（人数）と質（個人の能力）の確保（いわゆる「目利き」のバイヤーや販売力のある販売員の確保）が課題となる。

これら人的資源の確保に加え，従業員がMD業務を実行して顧客満足を実現するためには，業務を計画・実行・修正するサイクルを繰り返してMDに関する情報や技術，専門知識，ノウハウなど（以下，単に「技術等」という）を蓄積する必要がある[16]。加えて，業務を実行する従業員やこれら従業員を管理・コントロールする組織体制，MD業務を実行する際に利用する設備（とくに近年はICTを利用した情報機器が重要である）などが必要となる（以下，これらを有した組織的能力を「MD力」という）。MD業務を実行する人的資源が量・質とも充実しており，かつ，組織においてもMD力を有していれば適切な在庫調整が行われるため，前述したリスクによる制約や仕入資金による制約も一定程度は回避することが可能となる。

2.3 返品制および委託型出店契約による経営資源の補完

前項で検討したとおり，百貨店は，多くの商品分野でリスク，仕入資金，

MDによる各制約に対応しなければならない。しかし百貨店は，品揃えの幅の広さ・奥行きの深さからこれらの制約に対応する負担が他の小売業態に比べて重く，自社内で経営資源が不足しがちである。そこで我が国の百貨店が経営資源の不足を納入業者から補完する手段として利用したのが，組織的な在庫調整手段である返品制と販売力を有する人的資源を納入業者に派遣させる派遣店員制であり，さらには両者の経済的効果を合わせ持った委託型出店契約である。

売れ残りリスクによる制約を克服するという観点では，返品制・委託型出店契約共に百貨店が売れ残り商品を納入業者に返品・返戻することができる。このため，このリスクを納入業者が負担し，百貨店は回避することができる。

仕入資金による制約に対応するという観点では，返品特約付買取仕入に基づく返品は不良在庫を削減し，商品回転率を向上させることで仕入資金の回転を向上させることにつながる。また，委託仕入および委託型出店契約は，そもそも百貨店が在庫を持たないため仕入資金が不要となり，ここから自己資金がなくても品揃えの形成が可能になるという百貨店にとって便利な手段となっている。

MDによる制約に対応するという観点では，百貨店が主体的にMDを実行する返品特約付買取仕入・委託仕入では，百貨店が商品の売れ残りリスクから開放される。このため，本来なら精度の高いMD業務がリスク軽減に役立つところ，百貨店は，この精度の高さから開放されることとなる[17]。さらに，委託型出店契約を利用すれば，品揃えの形成などMD業務の大部分を納入業者が負担することとなる。このように，百貨店が幅広く，奥行きの深い品揃えを形成する際，さまざまな制約に対応するのに不足する経営資源を，納入業者から補完する手段として利用されてきた取引慣行が返品制・委託型出店契約である。

3．仕入形態の概要

3.1　百貨店における口座制

本節では各仕入形態を詳細に分析する。その前提として本項では，百貨店・納入業者間における納入取引の方法について概観する。百貨店は納入業者と取引を行う際には手続上，登録業者とするための，いわゆる「口座」を開設する。百貨店は，事前に納入業者の信用調査を行い，これに通過した者のみ口座

を開設する。

　百貨店が各店舗・各売場で計上した納入業者に対する仕入代金などの金銭債務は，この口座で合算される。具体的には，一定期間内（通常は1か月）の仕入代金を合算した総額から，納入業者が負担する費用や返品による納入業者からの仕入代金の返金相当額を相殺した金額がまとめて納入業者に支払われる[18]。

　百貨店は，口座を有している特定の納入業者のみと取引することにより，信用調査等の事務負担を削減することができ，かつ，良質な商品を安定して仕入れることが可能となる。納入業者は，百貨店に口座を持つことにより商品の仕入を厳格に行う百貨店と取引を行っているという実績を得て，自己の信用力を高めることができ，あるいは自らが取り扱う商品の信用力を向上することができる。さらに，大手の百貨店との取引は経営の安定性の証明ともなり，金融機関から融資を受ける際に有利となる。

　ここで重要な点は，納入業者にとって百貨店に口座を持つことが経営上大きなメリットとなることである。ここから納入業者は，百貨店に口座を持つために激しい競争を繰り広げており，その際に返品等の百貨店に有利な取引条件を受け入れることが，納入業者間の競争を有利に展開する手段として利用されてきている。

3.2　買取仕入

　百貨店が利用する仕入形態は，前述のとおり完全買取仕入，返品特約付買取仕入，委託仕入および売上仕入の4つに大別される。これら4つの仕入形態は，①所有権の移転経路（商流），②納入業者から百貨店への移転の時点，③商品の引渡し時点および④仕入代金の支払時点がそれぞれ相違することから，百貨店によるリスク負担や仕入資金の負担に違いが生じる。ただし，これら仕入形態は百貨店により細部が相違する場合もある。以下においてそれぞれの典型的な形態について概観する。

（1）概要

　買取仕入は，百貨店が消費者に再販売することを目的として，納入業者から

売買契約に基づき商品を購入する仕入形態である。商品の所有権は，納入業者が百貨店に商品を引き渡し，百貨店の検収に合格した時点で納入業者から百貨店に移転する場合が多い[19]。一般的に商人が商品を「仕入れる」とは，買取仕入に基づき仕入れることを指す。準拠法としては民商法の売買の規定が適用される。

買取仕入のうち完全買取仕入は，百貨店が買取った商品を原則として納入業者に返品することができない取引条件となっているものである[20]。一方で，完全買取仕入であっても，当事者間で事後的に合意があったときには返品が可能となる点に注意を要する。

返品特約付買取仕入は契約段階で納入業者に返品が可能なように特約（取引条件）を付しておき[21]，商品が売れ残ったときに返品することができる仕入形態である。返品特約付買取仕入における売れ残り商品の返品は，百貨店が特約を行使したとき，つまり商品が売れ残るという条件が成就したときに行われる。

買取仕入では百貨店が売場における商品の管理・販売業務を行うものの，納入業者からの派遣店員がこれらの業務の補助を行う場合がある。派遣店員は，返品制と同様に百貨店の人件費節減のため納入業者が付帯的な取引条件として提供するものであるものの，独占禁止法上の優越的地位の濫用行為として返品制とともに規制される場合がある。

(2) リスク負担

完全買取仕入に基づき百貨店に納入された商品について，百貨店は，納入業者に返品することができず，かつ，所有権を有するため商品の売れ残りリスクと商品管理上のリスクとを負担する。返品特約付買取仕入により百貨店に納入された商品について，返品が可能であるため商品の売れ残りリスクは納入業者が負担し，商品管理上のリスクは百貨店が負担する。

(3) 仕入資金の負担およびマージン率

百貨店から納入業者に対する仕入代金の支払いは，百貨店が商品の検収を行い，これに合格した時点で確定する。ここから，百貨店は仕入れた商品の顧客

に対する販売の可否に限らず，この合格時点で仕入資金を負担する必要が生じる[22]。

　百貨店のマージン率は，百貨店が商品の売れ残りリスクと商品管理上のリスクを負担する完全買取仕入がもっとも高率となる。これに対し百貨店が商品の売れ残りリスクを負担せず，商品管理上のリスクを負担する返品特約付買取仕入では，納入業者が返品により顕在化する商品の売れ残りリスクを仕入代金（納入業者の販売代金）に織り込んで条件設定するため，百貨店のマージン率は完全買取仕入より低率となる。

3.3　委託仕入

(1)　概要

　一般的に利用されている委託販売契約に基づき説明すれば，委託仕入は，委託者である納入業者が受託者である百貨店に対し，自己の商品の販売業務を委託し，納入業者の受託を受けた百貨店が自己の名義をもって，納入業者の計算により[23]，納入業者から預かった商品を顧客に対して販売する仕入形態である。民法では委任の規定（民法第643条から第656条まで）が，商法では問屋（といや）の規定（商法第551条から第558条まで）が適用される。

　一方で，典型的な委託販売契約の場合，百貨店は，納入業者から商品の販売業務を受託するのであり，商品を「仕入れる」わけではないので，本来「仕入形態」という表現は適切ではない。この点について問屋の規定に則して説明すれば，商品の所有権は，買取仕入と相違して納入業者から百貨店への商品の引渡し時点では百貨店に移転せず，百貨店が顧客に販売する際に納入業者から顧客に直接移転する。しかし，百貨店では，買取仕入と同様に，納入業者から百貨店を経由して消費者に所有権が移転する処理が行われている。

　百貨店は，一定期間の販売数量を確定するため定期的に棚卸を実施し，この結果を委託者である納入業者に通知する義務がある（商法557条）。また，百貨店は納入業者から商品の販売業務を委託され，かつ，これに付随して預託された商品の管理も委託される。ただし，委託仕入においても納入業者からの派遣店員が百貨店による商品の管理・販売業務を補助する場合がある。

(2) リスク負担

委託仕入により百貨店に預託された商品は，納入業者に所有権があるため売れ残りのリスクを納入業者が負担する。他方で，百貨店に商品が預託され顧客に販売されるまでの間（あるいは納入業者に返戻されるまでの間）に生じた商品管理上のリスクは，百貨店が注意義務（善管注意義務）の範囲内で負担する[24]。つまり，委託仕入において百貨店が預託された商品は納入業者が商品の所有権を有するものの，百貨店は前述のとおり商品の管理業務を受託しており，このため百貨店に善管注意義務が発生するためである。

(3) 仕入資金の負担およびマージン率

委託仕入において，百貨店は，販売が実現した際には対価として納入業者から販売量に比例した一定の手数料を受領する。しかし，百貨店では，この手数料収入を純額ではなく，消費者に対する売上と納入業者に対する仕入を総額で計上する会計処理が行われる[25]。いずれにせよ百貨店は，商品を預託される時点で仕入代金を支払う必要はなく，かつ，百貨店から顧客への商品販売が実現した時点で販売額が確定し，ここから計算された手数料を差し引いた販売代金を納入業者に引き渡すこととなる。こうした特徴から，百貨店は，委託仕入の利用により仕入資金なしに店頭における品揃えを形成することが可能であり，仕入資金の融通という金融機能の提供を納入業者から受けるものとなっている。

百貨店のマージン率は，納入業者のリスク負担の程度が大きいこと，および納入業者にとって商品の販売代金の回収が買取仕入より遅れるため返品特約付買取仕入より低率となる。

3.4 売上仕入

(1) 法律構成

売上仕入は，百貨店の店舗の一部で百貨店の名義および統制の下，納入業者自身が所有する商品を搬入，管理，陳列，販売するという非典型契約（民法に規定されていない契約）である[26]。顧客に対する商品販売に伴う契約上の責任は，自己の名義で商品の販売を行い，顧客との売買契約の主体となる百貨店が

負うことになる。商品の所有権は，納入業者が百貨店の店舗に商品を搬入した時点では百貨店に移転せず，顧客に対する商品販売が実現した時点で，納入業者から百貨店を経て顧客に同時に移転する。つまり，商流は百貨店を経由するため外形的には買取仕入と同一となる。一方で売上仕入では，買取仕入と異なり百貨店から顧客への商品販売が実現した時点で仕入代金の支払義務が発生し，この時点は委託仕入と同一となる。顧客からの販売代金は百貨店の管理するレジスターに入金され百貨店に帰属する。

　他の仕入形態と比較した売上仕入の特徴として，納入業者の派遣店員（売上仕入員ともいう）が百貨店の売場に派遣されることが前提となっている。そして，派遣店員が商品の搬入，管理，陳列，販売に関する業務を実行するため，物流の観点では納入業者から百貨店に商品が引渡されることはない。

　このように売上仕入は，商流の面では商品の納入取引を基盤とした性質を有しているものの，業務の分担や物流の面では出店形態としての性質も有している。また，売上仕入は，商品の納入取引を伴う売場で使用されることが多いものの，百貨店が商品を占有することがないためサービス部門でも利用することが可能であり，現に多用されている[27]。

(2) リスク負担

　売上仕入により百貨店に搬入された商品では，納入業者に所有権があるため納入業者が売れ残りのリスクを負担し，かつ，納入業者の派遣店員が商品の管理業務を行うため商品管理上のリスクも納入業者が負担する。さらに，売場の内装や什器備品，装飾，売場の運営費用も納入業者が一部を負担するケースが多い。

(3) 仕入資金の負担およびマージン率

　売上仕入において仕入代金は，顧客に対する売上に原価率を乗じて計算され，一定期間内（1か月間の場合が多い）に計上された仕入代金の合算金額から，百貨店が立て替えている納入業者の負担すべき費用を差し引いた残金が納入業者に支払われる。この支払フローと支払時点は前述のとおり委託仕入と同一である。

委託仕入と同様に，商品の納入時に仕入代金を支払う必要がないという納入業者による金融機能の提供から，百貨店は，売上仕入を利用することにより手持資金なしに品揃えを形成することが可能となる。さらに，売上仕入では取引に派遣店員制を内包しており，本来なら百貨店が負担すべき売場における MD 業務の多くを納入業者が負担するため，百貨店にとってリスク・費用負担がもっとも低い仕入形態となっている。

百貨店における売上仕入の会計処理は，従来顧客に対する売上と納入業者に対する仕入を総額で計上しており，この処理から仕入形態として捉えられていた。しかし，我が国の収益認識に関する会計基準の変更により 2021 年度から売上相当額と仕入相当額の差額（純額）で売上を計上する方式に変更されている[28]。

百貨店のマージン率は，納入業者が商品の売れ残りリスクと商品管理上のリスクおよび派遣店員の人件費などの売場運営費用の一部を負担すること，納入業者にとって商品の販売代金の回収が返品特約付買取仕入より遅れることなどから，仕入形態の中ではもっとも低率なものとなっている。

3.5 リスク・仕入資金の負担からみた仕入形態の比較

前 3 項では，仕入形態の特徴をそれぞれ個別に検討した（図 1-1 を参照）。本項では，これらの検討結果を基に，リスク負担と仕入資金の負担の視点で比較分析する。

（1）リスク負担

まず，各仕入形態のリスク負担について比較する。商品管理上のリスクについて，完全買取仕入および返品特約付買取仕入では，商品の所有権が引渡し時に百貨店に移転し，かつ，商品が販売されるまでの間百貨店が保有するため，百貨店が負担する。一方で委託仕入および売上仕入では，商品が販売されるまでの商品の所有権を納入業者が保有しているため，納入業者が負担する。ただし，委託仕入では，百貨店は商品の管理を納入業者から受託し，この履行について善管注意義務が課されるため，この義務の範囲内で百貨店がこのリスクを負担する。これに対し売上仕入は，商品の管理を納入業者の派遣店員が行うた

3. 仕入形態の概要　21

図1-1　仕入形態における所有権移転，商品引渡し，代金支払時点の比較

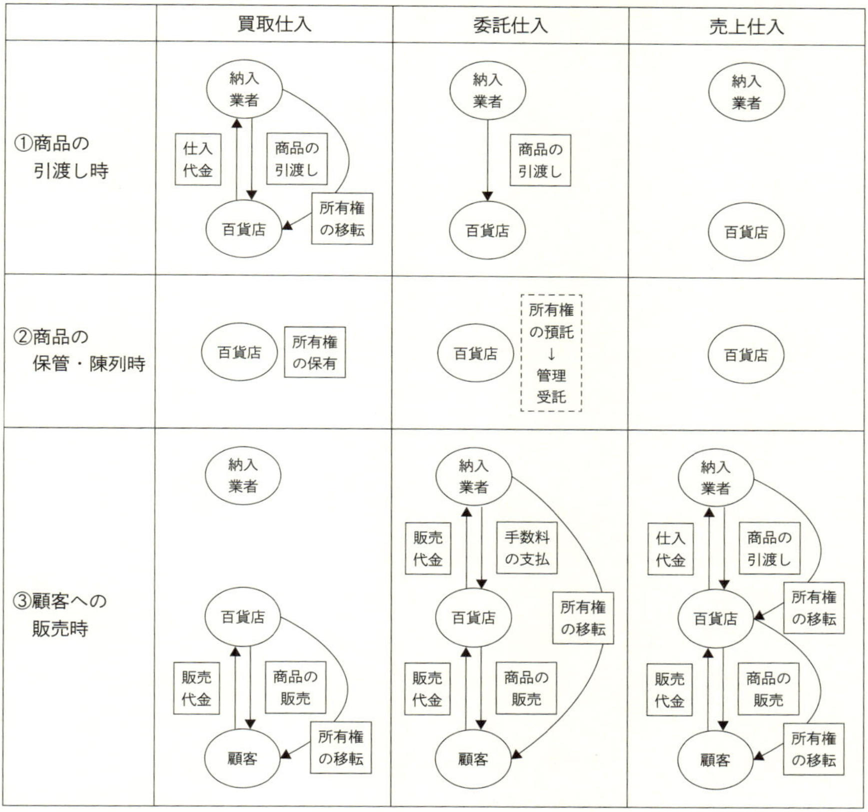

[図：買取仕入・委託仕入・売上仕入の3形態について、①商品の引渡し時、②商品の保管・陳列時、③顧客への販売時における、納入業者・百貨店・顧客間の商品・代金・所有権の移転関係を示した比較図]

出所：岸田（2003：228）の図を基に筆者作成。

め，百貨店が善管注意義務の違反を問われる事態は想定されず，納入業者がこのリスクを負担する。

　商品の売れ残りリスクについて，完全買取仕入では商品の引渡し時に百貨店へ商品の所有権が移転し返品ができないため，百貨店が負担する。これに対し返品特約付買取仕入，委託仕入および売上仕入は，売れ残り商品を納入業者に返品・返戻することが可能であるため，所有権の移転の有無にかかわらず，最終的に納入業者が負担する。このため，完全買取仕入以外の3形態は，商品の売れ残りリスクの負担についてはすべて同一であり，このことは納入業者が百

貨店に対し，このリスクに対する負担機能を提供しているといえる。

(2) 仕入資金の負担

仕入資金の負担について，完全買取仕入および返品特約付買取仕入では，商品の引渡し時に商品に係る所有権移転の代価として仕入代金の支払が必要となる。これに対し，委託仕入では，顧客への商品販売時より後に商品の販売代金を納入業者に返戻すればよく，売上仕入も同様に顧客への販売時以降に仕入代金を納入業者に支払えばよい。つまり，百貨店に商品が搬入される際に，商品に係る所有権移転が生じない委託仕入と売上仕入は，顧客から受領する商品の販売代金からこの販売代金の返戻あるいは仕入代金の支払いを行えばよく，これに対し商品の販売が実現しなければこれらの必要が一切ない。ここから百貨店は，委託仕入および売上仕入を用いれば仕入資金なしに店頭の品揃えを形成することが可能となり，このことは納入業者が百貨店に対して仕入代金に係る金融機能を提供しているといえる。

(1)・(2)で検討したとおり，納入業者は百貨店のリスク・仕入資金を負担する機能を提供しており，この機能提供の程度に応じて百貨店のマージン率が低下し，これに対し納入業者のマージン率が向上することにより，これらの負担と利益分配のバランスとが調整されることとなる。

このような百貨店・納入業者双方のリスク・仕入資金の負担の比較をまとめたものが表1-1になる。この表から完全買取仕入と返品特約付買取仕入とで差が顕著にみられるのは商品の売れ残りリスクの負担であり，返品特約付買取仕入と委託仕入・売上仕入とで差が顕著にみられるのは，仕入資金の負担である。とくに売上仕入は，百貨店の各負担が軽く，納入業者の各負担が重いことが分かる。百貨店は，これらの負担機能に係る程度の差異とマージン率の高低，さらには自らのMD力の保有状況を踏まえて，取扱商品分野における仕入形態を選択することとなる。

このように百貨店は，多様な仕入形態を組み合わせて自らのリスク・仕入資金を納入業者に負担させることにより，幅広く奥行きの深い品揃え形成を実現している。一方で，納入業者はこれらを負担するばかりでなく，受け入れに

表 1-1　百貨店の仕入形態の比較

項目	内容	完全買取仕入	返品特約付買取仕入	委託仕入	売上仕入
利益分配	百貨店のマージン率	高 ←			→ 低
リスク分担関連	所有権	百貨店	百貨店	納入業者	納入業者
	売れ残りのリスク負担	百貨店	納入業者	納入業者	納入業者
	商品の管理・販売者	百貨店 注1	百貨店 注1	百貨店 注1	納入業者（売上仕入員）
	商品管理上のリスク負担	百貨店	百貨店	善管注意義務の範囲内で百貨店	納入業者
仕入資金関連	仕入代金の支払確定	百貨店への納入時点	百貨店への納入時点	顧客への販売時点	顧客への販売時点
	仕入資金の負担	百貨店	百貨店 注2	納入業者	納入業者

注1：納入業者が派遣する手伝い店員が担うことがある。
注2：ただし，返品により資金の回転率が向上する。
注3：表中の太線は仕入形態間で差が顕著にみられる境界である。
出所：筆者作成。

より一定のメリットを享受している。具体的には，納入業者の負担受け入れは，その見返りにマージン率を高率とすることで直接的に調整されるだけでなく[29]，間接的には百貨店がリスクをおそれず商品の仕入を積極的に行うようになるために納入業者が取り扱う商品（とくに新製品）の販売促進につながり，あるいは百貨店と取引関係を構築して自社商品が売場で取り揃えられることにより，百貨店の店舗，のれん，顧客網等に基づく集客力を利用した商品の販売促進につながる。ここに百貨店は納入業者のリスク・資金の負担機能を利用し，納入業者は百貨店の集客力等の経営資源を利用することによりそれぞれ収益を向上することができるという互恵的な相互依存関係が形成されている。

3.6　返品特約付買取仕入，委託仕入および売上仕入の類似点

仕入形態のうち，返品特約付買取仕入，委託仕入および売上仕入は，商品の返品・返戻が可能であることのほか，類似している点が多いという特徴が挙げ

られる。また，これら3つの仕入形態は概念的には明確に区別されても実態として混合している場合も多い。

これら仕入形態の相違点と類似点を改めて検討すれば，仕入形態のうち，委託仕入を委託販売の一類型と捉えるならば，委託販売と返品特約付買取仕入とは法的性質の点で明確に区別されるものである。法学上両者の相違は概念的に明白であり，具体的には，受託者が自己の名をもって，しかし委託者の計算で第三者に商品を売却することが約されていれば委託販売であり，買主が自己の名と計算で第三者に商品を売却していれば買取仕入（売買）となる[30]。一方で，現実の商慣習として存在している委託販売と返品特約付買取仕入との類似性について，「自己商でもある百貨店は，流行品のように販売量の予測の立たない商品について，委託販売を引き受けているが，返品条件付売買との区別はつきにくい」と評されている[31]。

委託仕入と返品特約付買取仕入との相違点・類似点を項目別に検討すると，消費者に対する売主の観点からみると，委託仕入において百貨店が該当すると捉えられる商法上の問屋は，直接代理ではなく間接代理であるため[32]，百貨店に顧客に対する契約主体としての義務が生じる。この点委託仕入は委託者の名を用いて販売する直接代理より，売主の名を用いて販売する買取仕入と類似することとなる。

仕入代金の支払時点の観点からみると，委託仕入は商品代金の支払時点が商品販売実現後であるのに対し，返品特約付買取仕入は商品仕入時点であるという相違がある。一方で，委託販売の特徴である百貨店による定期的な棚卸しとその結果の納入業者に対する報告は，商品の受託期間が短期間である場合（例えば催事販売である場合など）や棚卸しを行う間隔を長く設定する場合には行われない可能性ある。また，返品特約付買取仕入において商品代金の支払いに締切制度が用いられており，例えば仕入と返品の計上が同一の算定期間内に行われれば，両者が相殺され結局のところ売れた分だけの商品代金のみ支払われることになる。ここから短期の利用では両者の相違点はなくなることとなる。

会計処理の観点でみれば，前項で検討したとおり委託仕入は売上と仕入とを総額で計上してきたため，百貨店は返品特約付買取仕入と同一の売上・仕入計上を行ってきたこととなる。他にも，経済的な特徴という観点からみれば，両

仕入形態とも商品の返品・返戻が可能であることから商品の売れ残りリスクの負担を回避できる点で一致し，百貨店の売場における MD 業務（とくに販売業務）の担い手の観点でみれば，両仕入形態とも本来なら百貨店が担うべきところ，納入業者から派遣店員が派遣される場合があるため，この点でも一致することになる。

さらに利用実態をみても，現実の商取引において法に規定されたとおりの典型的な取引が行われることの方が少ないといえ，両仕入形態の法的性質が混合していると捉えられる場合も多い。また，実務上も返品特約付買取仕入を委託仕入と呼称する場合もある。

法的性質を識別するひとつの手掛かりとなる契約書は商慣習上作成されないことが多く，かつ，秘匿事項に属し外部に公開されることが少ない資料となっている。契約書が作成されたとしても，契約書の内容からみると返品特約付買取仕入であっても，「委託」という文言が使われる場合のあることが指摘されている[33]。これらのことから，文献・資料を用いた研究を行う場合，両仕入形態の特定が困難であることも多い。

両仕入形態に売上仕入も含め，これらが類似していることは，仕入形態間の転換が容易であることにつながっている。このことは，用いられていた仕入形態が歴史的に変化する過程を分析する際に重要である。とくに百貨店にとって返品特約付買取仕入から委託仕入へ，さらには売上仕入へと，法律の規制を受けない，あるいはリスク・仕入資金の負担が少ない仕入形態にシフトする現象が，1954 年の百貨店特殊指定制定の際や，高度経済成長期から現在までの長期間にわたり生じている。いずれにせよ，戦前期以降，利用が徐々に拡大し，百貨店の経営に多用されてきた委託仕入・売上仕入に関する記述を歴史的に分析する際には，これら仕入形態の相違点・類似性という特徴を踏まえた視点を有する必要がある。

4．小　括

本章では，小売業態としての百貨店の品揃えの特徴と，百貨店が品揃えを形成する際に納入業者から経営資源を補完する必要性，この補完手段として商品

の売れ残りリスクや仕入資金の負担という観点から各仕入形態の特徴を明らかにした。これらの内容をまとめると，百貨店の小売業態戦略上の特徴のひとつは幅広く奥行きの深い品揃えの形成にあり，この形成のため百貨店が MD を実行する際に，売れ残り・商品管理上のリスクによる制約，仕入資金による制約，人的資源の確保という MD による制約が生じることとなる。百貨店は，これら制約に起因して経営資源が不足したときに，返品制と委託型出店契約を利用して克服してきた。

　仕入形態に着目すると，完全買取仕入，返品特約付買取仕入，委託仕入および売上仕入は，それぞれ商品管理上のリスク，商品の売れ残りリスクおよび仕入資金の負担に相違があり，百貨店の負担は後者になるほど軽くなり，納入業者の負担は重くなるという特徴を有している。他方で，これらの負担と利益分配のバランスは百貨店・納入業者双方のマージン率で調整されることになる。

　仕入形態を個別的に比較すれば，完全買取仕入と返品特約付買取仕入とで相違が顕著にみられるのは，商品の売れ残りリスクの負担である。返品特約付買取仕入と委託仕入・売上仕入とで相違が顕著にみられるのは，後者の方が仕入資金の負担など納入業者の負担が大幅に増加している点である。百貨店は，これらの負担機能の相違とマージン率の高低とを踏まえて仕入形態を選択することとなる。

　仕入形態のうち，商品の返品・返戻が可能である返品特約付買取仕入，委託仕入および売上仕入は類似している点が多く，このことはすべての仕入形態を相互に転換することが容易であり，百貨店における仕入形態の利用が歴史的に返品特約付買取仕入，委託仕入，売上仕入と転換してきたことにつながっている。本章における分析結果を踏まえ，本書における研究課題である，戦前期における百貨店・納入業者間の取引慣行を分析する。

注
1　集積の利益は単一の大規模小売業者が運営する大規模小売店舗に限ったことではなく，商店街やショッピングセンター等の商業集積も同様の利益を求めて運営されている。
2　川端（2013），pp. 196-197。
3　川端（2013），pp. 198-199。
4　最寄品とは，消費者が買い物にあたって最小限の努力しか払おうとしない商品であり，消費者は比較・選択には時間を取らない。また，標準化された低価格の商品であることが多い（青木ほか，

2020：59）。
5 　買回品とは，消費者が買い物にあたって，品質，デザイン，価格などの商品に関する外部情報の探索を行うために，多くの時間や努力を費やすことを惜しまない商品である。消費者は類似の商品を比較して購入を決定するという特性がある（青木ほか，2020：59）。
6 　岡野（2011），p. 286。
7 　同上。
8 　マーチャンダイジングは「流通業がそのマーケティングの目標を達成するために，マーケティング戦略に沿って，商品，サービスおよびその組み合わせを，最終消費者のニーズに最もよく適合するような方法で提供するための，計画・実行・管理のこと」と定義されており（田島，1988：35），店舗・売場の計画から個別の商品の品揃えの決定，計画に基づく商品の仕入，管理，陳列，販売に至る一連の小売業務が包含された概念である。
9 　この分析は岡野（2022），pp. 65-67 に基づく。
10 　商品管理上のリスクとは，商品が小売業者に納入されてから消費者に対し販売されるまでの商品管理過程において発生する商品の減失，毀損，紛失，盗難，腐敗，漏洩，蒸発，変質，商品の陳腐化，棚卸減耗等により損失が生じるリスクである。
11 　売れ残りのリスクとは，小売業者が販売活動を行った結果生じた売れ残った商品の破棄や値下げ等による損失が生じるリスクである。
12 　在庫の調整方法としては，値下げ，値上げ，販売促進活動による市場的調整，早期大量仕入，返品，押込み販売による組織的調整，正確な予測，予測の修正，実需情報の投入による情報的調整が挙げられる（矢作，1996：131-133）。このうち情報的調整手段として，戦前期には，計画的な仕入やアメリカ等から導入した科学的計数管理が百貨店で行われており，例えば三越が計数の管理に基づいた在庫管理を行っていると記述した文献がある（日本百貨店商業組合調査彙報編集部，1937：517 以下）。
13 　多頻度小口発注とは，卸売業者が少量の商品を多頻度で発注することを指す。この発注により，小売業者は必要な商品のみ適宜発注することが可能となるため，倉庫スペースの削減，商品の平均在庫高の抑制，売れ残りリスクの低減などにつなげることができる。
14 　矢作（1996），p. 99。
15 　岡野（2011），p. 287。
16 　MD は，市場調査・仕入・陳列・販売を行い，その結果をまた仕入の情報として活用するサイクル形状となっており，1 回の活動によって得た情報や技術等を蓄積し，新たな MD に再活用している。すなわちサイクルが回転すればするほど，情報や技術等の蓄積が厚みを増し，精度が向上することとなる。
17 　さらに，派遣店員も併せて利用すれば，MD 業務に係る負担を大幅に軽減することが可能となる。
18 　一定期間（例えば 1 か月間）に納入され，あるいは検収があった商品に係る代金の支払いをこの一定期間の末日で締切り，毎月の特定日に支払う制度を実務上「締切制度」と称している。この支払方法は，支払いに係る事務作業を簡便化することが可能となるため，小売業者の納入取引に限らず，企業間の継続的取引で広く採用されている。
19 　所有権の移転時期は，百貨店・納入業者間の取引基本契約に定められていることが多く，ここでは商品の引渡し時点から百貨店による仕入代金の支払完了時点までの間で両当事者の合意により定められる。
20 　ただし，完全買取仕入であっても納入業者による契約違反や商品の不良があれば契約が解除され，商品の返品が行われる。

28   第1章 百貨店の品揃えと仕入形態

21 返品を可能とする法律構成には，契約締結時に付すものとして解除権の留保，再売買の予約，解除条件の特約があり，契約締結後になされるものとして合意解除，再売買契約などが挙げられる。
22 実際の支払フローとしては，百貨店は一般的に月単位の締切制度（1か月分の仕入代金をまとめて後日払う方法）を採用しているため，実際のキャッシュフローは検収合格時点より後倒しとなる。このキャッシュフローの後倒しは，百貨店にいわゆる「回転差資金」を産み出すことになる。
23 この場合の「計算」とは，法律用語で行為の経済的効果が帰属することをいう。ここから納入業者の計算とは，委託した商品の販売により生じる経済的効果が納入業者に帰属することをいう。
24 善管注意義務とは，業務の受託者が通常期待される注意をもって委任事務を処理する義務のことであり（民法644条），百貨店が問屋の規定に基づいて納入業者から預かった商品を管理する場合は，小売業者として通常期待される注意を払い商品を管理する必要が生じる。そしてこの義務に違反した場合は，これにより生じた損害を賠償する義務が生じる。
25 百貨店における委託仕入の会計処理の特徴については，岡野（2022），pp. 74-77 を参照。
26 売上仕入の法律構成については，岡野（2012），pp. 21-22 を参照。
27 サービスは，形がないという無形性や生産されたと同時に消費される同時性が特徴であり，百貨店がこれを仕入れて在庫し，販売することは不可能である。ただし売上仕入では，百貨店は在庫を持つことがなく伝票上の処理だけで売上と仕入を計上するため，納入業者がサービスを生産し，同時に顧客が消費する過程を仲介する，すなわちサービスを納入業者から仕入れてこれを顧客に販売することが可能となる。
28 我が国の会計基準に国際財務報告基準を適用するコンバージェンスにより，顧客との契約から生ずる収益に関する会計処理を見直すこととなる「収益認識に関する会計基準」（企業会計基準第29号）および「収益認識に関する会計基準の適用指針」（企業会計基準適用指針第30号）が2018年3月30日に公表された。適用指針では，企業が代理人に該当するときには収益を純額で認識するものとし，本人と代理人の区別は在庫リスクの有無や注文の履行責任などから判断される。そして適用指針の設例28では，売上仕入（消化仕入）契約を用いる小売業者は，商品の所有権を顧客に移転される前に一時的に獲得するものの在庫リスクを負っていないこと，顧客に販売されるまでのどの時点においても商品の使用を指図する能力を有しておらず支配していないことから代理人に該当すると判断されており，このため売上を純額で計上することとされている。この会計基準は2021年4月1日以後開始する連結会計年度から原則適用されたため（ただし，同会計基準はすべての企業に強制適用されるものではない），売上仕入契約のシェアが高い我が国の百貨店の売上高が大幅に減少している。例えば，国際会計基準を先行して適用しているJ.フロントリテイリング（大丸松坂屋百貨店の親会社）では，他の売上変動要因も含まれるものの，適用前の2018年度の連結総額売上高（消化仕入取引を総額で算出しているもの）が1兆1251億円であるところ，適用後の2019年度の連結売上収益（消化仕入取引を純額で算出しているもの）が4598億円に減少している。J.フロントリテイリング，「業績・財務ハイライト」（https://www.j-front-retailing.com/ir/finance/high.php，2020年1月25日閲覧）。
29 この点について「リスクの肩代わりが行われると，競争市場では免除を受けた側が負担した側に，何らかの形でリスク・プレミアムを支払わなければならない。コストの肩代わりにも同じことがいえるから，消化仕入れによって小売りのリスクを川上企業に転嫁すると，それだけ小売りの事業基盤が脅かされ，マージンも薄くなる」と説明されている（岡部，2000：482-483）。
30 大塚（1985），p. 26。
31 大塚（1985），p. 27。
32 直接代理とは委託者の名義をもって委託者の計算で代理行為を行うことであり，間接代理とは受

託者の名義をもって委託者の計算で代理行為を行うことである。
33　高木（2017），p. 32。

第2章

委託型出店契約

1．はじめに

　本章では，岡野（2020）に基づき百貨店が利用する委託型出店契約3類型それぞれに共通する特徴，委託型出店契約に対する評価を検討し，次いで委託型出店契約と賃貸型出店契約との比較を行う。

　我が国の百貨店が用いる委託型出店契約としては，売上仕入，販売業務委託およびケース貸の3種類がある。3類型のうち売上仕入の利用が拡大し，現在では百貨店における主要な仕入・出店形態となっている。そこで第2節では，前章で検討した売上仕入を除き，販売業務委託およびケース貸について概観し，次に売上仕入と併せて3類型の類似性と評価について考察する。第3節では，委託型出店契約と賃貸借契約を比較し，百貨店が品揃え形成に際して委託型出店契約を選択した要因について検討を加える。

2．販売業務委託・ケース貸の概要と3類型で共通する特徴

2.1　販売業務委託の概要

　第1章で検討したとおり，売上仕入は百貨店・納入業者間において，納入取引を基盤として，相互に経営資源を利用し合い，リスク，仕入資金・費用，売場でのMD業務を分担して，互恵的に収益を増大させ分配するという性質を有した契約である。納入業者を店舗の一部に出店させる販売業務委託およびケース貸もこれに似た性質を有している。以下において両出店形態を概観する。

販売業務委託（業務委託，営業委託等多様な名称が用いられている）は，百貨店が顧客に対し自らの名義で行う商品販売またはサービス提供業務を納入業者に再委託し，納入業者が百貨店の指揮監督の下顧客にこの業務を履行する出店形態である。百貨店による納入業者に対する営業統制は，百貨店が納入業者に再委託した業務履行に係る指図として強いものとなっている。利用分野は商品の販売部門で用いられる場合があるものの，主としてレストラン，サービス提供部門等百貨店に業務履行のための技術等の蓄積がない部門が多い[1]。また，販売業務委託契約では，百貨店・納入業者間に商品の納入取引が生じないことから，商品自体の搬入，管理等は百貨店が納入業者に委託する業務に含まれず，この点，契約書の規定が売上仕入と一部相違している場合が多い。

　百貨店が納入業者に支払う対価の性質は顧客に対する商品・サービス提供業務の再委託に係る業務委託料であり，百貨店の会計処理は，顧客に対する売上と納入業者に対する業務委託料との差額を歩合金等の名目により純額で売上として計上する。

2.2　ケース貸の概要

　ケース貸は，納入業者が百貨店の店舗内における特定の場所でガラスケースや商品の陳列棚，ボックス等を利用し，外観上はもっぱら百貨店の名義，ブランド等を使用して百貨店の一営業部門として顧客に対する掲示・表示を行いながら[2]，商品販売またはサービス提供を行う契約である。利用分野として，戦前期から戦後復興期には特殊な商品の販売部門やサービス提供部門などで用いられる事例が多くみられたものの，現在では売上仕入の利用拡大に伴い，百貨店での使用は少なくなっている[3]。

　ケース貸の名称は，「契約の目的となっているのは，商品を陳列販売する場所であるが，ケースを備えつけておくのが普通であるため，ケースが契約の目的物であるかのごとき外観を呈する」ために用いられたとされている[4]。

　百貨店による納入業者に対する統制の程度は，売上仕入・販売業務委託と同様に，百貨店の店舗内で百貨店の名義，ブランド等を用いて販売を行うために，商品・サービスの質，価格，販売方法等に対して強いものとなっている[5]。納入業者が派遣する従業員は百貨店と同一の制服・バッジを着用して勤

務し，納入業者が使用する場所は百貨店により随時変更・縮小を可能とする規定が置かれている[6]。また，百貨店が納入業者から受領する対価の性質は，百貨店の営業の一部を担い，百貨店の店舗の一部や名義，ブランド等を利用することにより得られた顧客からの収益の分配である。百貨店は，顧客に対する販売額に一定の料率を乗じた歩合金を純額で売上として計上し，顧客から受領した売上代金からこの歩合金および納入業者が負担すべき費用を差し引いた残金が納入業者に支払われる。

2.3 委託型出店契約3類型における各主体間の関係

(1) 百貨店・納入業者と顧客との関係

委託型出店契約3類型における百貨店・納入業者と顧客との関係として，顧客に対し自己の名義で商品の販売またはサービスの提供を行う百貨店が顧客との契約主体となる。ここから顧客に対する商品販売またはサービス提供上の契約責任は，百貨店が一次的に負う[7]。このことは百貨店のサービスポリシーとして，顧客に対する信用（のれん）を保護することに貢献している。

顧客から直接的に視認される売場の名義，ブランド等は，百貨店の一営業部門として掲示・表示されていて百貨店の他の売場と同一化・一体化しているものと，百貨店が顧客との契約主体であることとは別に納入業者のブランド等が掲示・表示されているものの2種類に分類することができる[8]。前者の事例のように，納入業者が百貨店の一営業部門としての外観を有するのは，百貨店の顧客に対するのれんが非常に有力であるため，中小納入業者が外観上自らの名義，ブランド等を掲示・表示して販売するのでなく，百貨店の名義，ブランド等を利用する方が収益向上に直結するためである[9]。また，後者の事例であっても，納入業者が百貨店の店舗，のれん，顧客網等を利用して営業を行い，収益を向上することに変わりない。なお，現在ではアパレル，身のまわり品，雑貨，家庭用品等のインショップ等後者に該当する売場が拡大している。

(2) 百貨店と納入業者との関係

委託型出店契約3類型における百貨店と納入業者との関係では，店舗全体の運営（ストアオペレーション）は百貨店が行い，百貨店が品揃えを形成する際

に生じる商品の売れ残りリスクや商品管理上のリスク，仕入資金は，顧客に販売するまでの商品の所有権を有する納入業者が負担する。販売に必要な什器，備品等の設置に必要な資金や売場の運営上生じる費用は，百貨店と納入業者との間で分担される。さらに，売場での MD を実行する業務は納入業者に全面的または部分的に依存するため，百貨店にとって納入業者の形成した品揃え（サービス提供を含む）を自己の店舗で展開することが可能となる[10]。この点，委託型出店契約 3 類型が百貨店に与えるリスクや資金・費用の負担，MD の分担など経営資源の補完効果は一致している。これらの負担に対し，委託型出店契約の下では売上に連動する方式で百貨店・納入業者双方に収益が分配される。

　納入業者にとっても，3 類型のいずれを利用しても，百貨店の組織の一部として百貨店の名義，ブランド等を利用し，かつ，百貨店の店舗に形成された品揃えが生み出す集積の利益を享受するなど，百貨店の店舗，のれん，顧客網といった経営資源を直接的に利用し，収益を増加させることが可能となる。さらに納入業者にとって，リスク等の負担によりリスク・プレミアムとしてマージン率を向上させることが可能となり[11]，商品の販売情報を派遣店員経由で収集して自社のマーケティング戦略に利用することも可能となる。とくに 2000 年以降，衣料品分野を始めとした納入業者は，売上仕入を積極的に導入して百貨店の売場における自らの在庫や販売方法をコントロールし，自社主導の商品供給・販売体制に組み込む動きを拡大している。

　このように委託型出店契約の下では，その類型を問わず相互に相手方の経営資源を利用しながら収益を増加させているという，互恵的な相互依存関係が形成されている[12]。

(3) **百貨店による納入業者の統制**

　(1)・(2)で検討したとおり，委託型出店契約の下では，納入業者が百貨店の経営資源を直接的に利用し，かつ，納入業者の出店場所が百貨店の直接運営する売場と一体的に運用されるという特徴を有している。このため百貨店は，納入業者に対して自らの店舗，のれん，顧客網など経営資源の利用範囲を契約で明確に設定するとともに，委託した業務の履行に対し強い営業統制を行ってい

る[13]。

　具体的な営業統制の内容は百貨店が納入業者に委託している商品の仕入，搬入，管理，陳列，販売にまで細かく及ぶものとなっている。また，百貨店は，契約上納入業者の出店場所の面積・位置を固定的に定めず，契約期間中にこれらを任意に変更・縮小する権限を有している場合が多い[14]。これにより百貨店は，店舗全体のストアオペレーションを実行する際に，自ら運営する売場と同様に納入業者の出店場所をコントロールすることが可能となっている[15]。

2.4　委託型出店契約3類型で共通する特徴

　前項で検討した委託型出店契約3類型における契約主体間の関係を踏まえ，これらの共通する特徴についてまとめると，まず3類型の基本的な法的性質は，①商品の納入取引を基盤として，百貨店による商品の仕入，搬入，管理，陳列，販売業務の一部を納入業者に委託していると捉えられる売上仕入，②サービス提供部門等において，百貨店の顧客に対する商品販売やサービス提供を履行する業務の一部を納入業者に再委託していると捉えられる販売業務委託，③納入業者が百貨店店舗の一部と百貨店の名義，ブランド等を利用し，百貨店の強い統制を受けながら顧客に対する商品販売やサービス提供を履行する業務を行うケース貸というようにそれぞれ相違している。取引における基本的な特徴としては，販売業務委託は，売上仕入のように商品の納入取引を基盤とする仕入形態としての性質を有さず，百貨店・納入業者間の業務委託としての性質が強く，ケース貸契約は，百貨店の店舗や名義，ブランド等の利用に対する収益の分配という性質が強いなどが挙げられる。

　一方で，3類型の実態をみるといずれもその相違が明確ではないことも多く，例えば，利用される什器では，ケース貸契約の名称の由来ともなっているガラスケース等を利用する出店の態様は，売上仕入・販売業務委託でもみられるものである（現在の百貨店ではむしろケース貸よりこれらの利用が主流となっている）。会計処理の観点では，売上仕入の特徴であった売上・仕入の総額計上という特徴が，他の類型と同様に純額計上に変更されたため相違がなくなっている。

　利用される商品分野の観点では，有体物の販売である衣料品，身のまわり

品，雑貨等の商品分野では納入取引を基盤とする売上仕入の利用が多いものの，同分野において販売業務委託・ケース貸が利用されることもあり[16]，あるいは顧客に飲食・サービスを提供する業務が委託されていると解されるレストラン・サービス提供部門では，売上仕入，販売業務委託いずれも利用されることがある。このような実態から，百貨店・納入業者間の取引関係をそのままに，契約書の規定や会計処理等など書面・帳簿上の内容を変更することにより，これら3類型のいずれも他の類型に容易に転換することが可能である。このように，委託型出店契約3類型は契約主体間の関係に共通点が多く，あるいは混合しており，法的性質，利用実態からも非常に類似している出店形態であると捉えることができる。

2.5　欧米における出店契約の利用実態および我が国との相違

　我が国の百貨店で利用される委託型出店契約のように，店舗の品揃えを形成する際に店舗の一部に納入業者を出店させる事例は欧米の百貨店においてもみられる。アメリカでは19世紀から百貨店においてリースド・デパートメント（leased department）という名称の出店形態が利用され始めている。この出店形態は，百貨店内のビューティサロン，銀行，写真店，靴店，宝石店，化粧品店，時計修理，靴修理などの部門やショッピングセンターのフードコートで利用されている。これらの売上高は，2018年に刊行された文献によるとアメリカの百貨店における年間売上高のうち20億ドルに達すると説明されている[17]。リースド・デパートメントが利用される理由として，百貨店による人材確保の難しさ，商品の仕入資金の負担の重さ，MDの困難さなどから，専門性の高い商品分野ではリースド・デパートメントに委任した方がより効率的に売場を運営することができるためと説明されている[18]。また，利用形態として，売上連動で賃料が支払われ，これに最低保証が設けられる場合もあり，光熱費，清掃費などは百貨店が負担し，出店場所は百貨店の名義で運営されるという点に特徴がある[19]。

　イギリスではconcession agreement（我が国ではコンセッショナリーといわれている）という，百貨店などのインショップにおいて利用されている出店形態がある。この出店形態の説明として，賃貸借（lease）に類似しているも

のの異なる法的関係を有しており，例えば喫茶店が百貨店の中で営業する場合に用いられるなど，大規模小売業者の敷地内の一部で特定の営業活動を行う別の小売業者との契約である。この契約では出店者から売上高の全部または一部に基づく歩合金が支払われる。建物の運営者は，出店者のショップ内に立ち入ることができ，また敷地内で出店者を移動させることが可能であると説明されている[20]。

イギリスにおいて百貨店との concession agreement は，ファッションブランドの運営者にとって，単一ブランドの店舗を路面に出店するよりも安価であり，他の類似商品と一緒に集積され，ブランド商品を販売しやすい環境での販売機会を提供すると説明されている[21]。1988年の時点でイギリスの一部の百貨店では，売上高の25％がこの契約によって生み出されていると説明されている[22]。

このように，我が国の委託型出店契約に類似する出店形態は，欧米の百貨店でもみられる。しかし，欧米との相違は，幅広い商品・サービス提供分野で利用され，しかも売上全体からみた利用割合が高い点が挙げられる。とくに，出店形態だけでなく仕入形態としての性質を有する売上仕入の仕入シェアは，我が国の百貨店における仕入形態の中でも圧倒的に高くなるまで拡大し，その経営に必要不可欠なものとなっている。

2.6　百貨店による委託型出店契約利用上の評価

我が国の百貨店は，委託型出店契約が有する納入業者によるリスク負担，資金・費用やMDの分担という経営資源の補完効果を利用することにより，大規模な店舗に幅が広く奥行きの深い品揃えを展開し，かつ，人的な接客などによる高レベルの付帯サービスによる商品販売を実現している。

一方で，百貨店が委託型出店契約による経営資源の補完に依存することは，自身の売場でのMDに対するインセンティブを失わせることになる。また，長期的には，百貨店は，MDを実行する能力を蓄積する機会を喪失して消費者などの外部環境の変化に自ら対応することが困難となり，さらに百貨店の納入業者に対する依存関係が強まるという悪循環が生じる。これらの売場でのMD力の喪失も相まって百貨店は，主体性を持って自らの売場でのMDをコント

ロールすることができなくなる。現に，長年にわたり返品制，派遣店員制，委託型出店契約の利用を拡大している百貨店は，MD 力を低下させて納入業者への依存を強め，現在では「場所貸し業」と揶揄されるほどこれが顕著となっており，百貨店の経営不振の原因となっている。

3．委託型出店契約と賃貸型出店契約との比較

3.1　賃貸型出店契約の概要

　前節では委託型出店契約の 3 類型の概要と異同を検討したが，本節では委託型出店契約と賃貸型出店契約を比較検討する。これにより百貨店が経済的に類似する効果を有する賃貸型出店契約ではなく，委託型出店契約を導入し拡大したのかを分析する基礎とする。

　ショッピングセンター等の商業施設で用いられる賃貸型出店契約の法的性質は，ディベロッパーに対価（賃料）を支払い，区分された区画を独占的に利用する権限を付与され，そこで自らが損益帰属主体となって店舗を運営するものである。このためこれは建物（の一部）の賃貸借であることでほぼ争いはないとされており[23]，同様に百貨店やスーパーにおける専門店街等の出店で用いられる賃貸型出店契約も当事者間の意思を含め建物の賃貸借契約と捉えられる。

　建物の賃貸借契約は，民法 601 条から 622 条に規定される賃貸借のうち建物を目的としたものであり，これらの規定は任意規定であるため契約当事者間の合意が優先される。他方で，建物の賃貸借が借地借家法の強行規定の適用を受ける場合には，当事者の合意によって定めることができる事項およびその範囲が制限される。

　借地借家法に定める建物の賃貸借契約には，普通建物賃貸借契約（以下「普通借家契約」という）と定期建物賃貸借契約（以下「定期借家契約」という）とがある。定期借家契約は 2000 年 3 月から導入された契約形態であり，賃貸人と賃借人との合意で契約期間，賃料等を自由に取り決めることが可能である。

　普通借家契約では契約の更新拒絶に正当事由が必要であり，賃貸人の任意による賃借人の入替えが難しい。しかし，定期借家契約は契約の更新がなく，契

約期間が満了すれば契約は終了して建物が返還されるという特徴を有している。このため，業績不振やディベロッパーの営業統制等への違反を理由とするテナントの入替や一定期間毎のリニューアルが必要である商業施設では，売場の固定化を防ぐため期間満了時のテナントの入替えが可能である定期借家契約が主たる契約方法となっており，新規契約は原則として定期借家契約の締結が主流となっている[24]。なお，本章では賃貸型出店契約は定期借家契約であり，かつ，百貨店が利用した場合に限定して，ディベロッパーを百貨店，テナントを納入業者として論を進める。

3.2　対内関係の比較

　委託型出店契約と賃貸型出店契約とでは，範囲の差こそあるものの百貨店からみた特徴である売場でのMDに伴い生じるリスク，資金・費用を納入業者が負担するという点や，売場でのMDを納入業者が実行するという点が類似している。また，納入業者から見た委託型出店契約の特徴である百貨店の店舗，のれん，顧客網等を利用することができる点や店舗を自社のマーケティング戦略に活用することができる点も，委託型・賃貸型いずれの出店契約による出店であっても実現可能である。つまり，百貨店が自己の店舗の品揃えを形成するために出店契約を利用する際には，百貨店・納入業者共に委託型出店契約を用いた出店でなく，賃貸型出店契約を用いた出店によっても目的を達成することができる。他方で何らかの利用上の相違があることにより，百貨店は委託型出店契約を選択していると思われる。

　そこで本節以下では，利用上の相違を明確にするため，委託型出店契約と賃貸型出店契約とを対内関係・対外関係の観点および百貨店による納入業者に対する営業統制の観点から比較検討する。

（1）　営業活動に係るリスクの負担

　百貨店が売場でのMDを実行する過程では，前述のとおり商品の流通に伴う多くのリスクが発生する。このリスクには，今まで検討してきた商品管理上のリスクと商品の売れ残りリスクのほか，顧客からの商品販売代金の回収が不能となるリスク（商品代金未回収のリスク）が挙げられ[25]，これらのリスクは

商品の所有権を有すること，あるいは顧客との売買契約の主体となることに起因して生じるものである。

　これらのリスクを個別にみると，百貨店の店頭に商品が納入されてから顧客に対する販売が実現するまでの商品管理上のリスクおよび商品の売れ残りリスクは，委託型出店契約・賃貸型出店契約とも商品の所有権を有する納入業者が負担する。これに対し商品代金未回収のリスクは，委託型出店契約では契約主体である百貨店が負担し，賃貸型出店契約では契約主体である納入業者が負担するため相違がみられる[26]。

　いずれにせよ，百貨店から見るとリスク負担については委託型出店契約の方が賃貸型出店契約に比べて重くなっている（納入業者からみると逆に軽減されている）。これに対し賃貸型出店契約では，これら3つのリスクはすべて納入業者が負担することとなり，百貨店がこれらのリスクから解放されることとなる。

(2) 売上未達成のリスク負担と収益の分配

　百貨店の営業活動においては，(1)で述べた3つのリスクの他にも，予測通りに売上が伸張せずに販売不振となり十分に収入を得られないリスク（売上未達成のリスク）が発生する[27]。

　委託型出店契約では，顧客に対して販売した商品の売上に完全に連動して百貨店・納入業者双方の収益が決定されるため，百貨店と納入業者とがこのリスクを完全に共有することとなる。これに対し賃貸型出店契約では，納入業者が百貨店に支払う賃料は場所使用の対価としての性質を有することから，顧客に対する売上と連動することがない固定賃料となり，あるいは固定賃料と売上に連動した変動賃料とが併用される。どちらにせよ百貨店は固定賃料の存在により安定的に収益を確保することができる。

　固定賃料を用いた場合，百貨店は，納入業者の売上が低迷したとしても賃料収入を確保できるものの，納入業者の売上が増加してもそのリターンを受けることができない。これに対し納入業者は，売上が低迷した場合には固定賃料が固定的な費用となるため完全な変動賃料を用いたときに比べ損益が悪化するものの，売上が一定額（損益分岐点）を超えた場合には，ここから得られたリ

ターンをすべて得ることができる。つまり、委託型出店契約と賃貸型出店契約との相違は、前者では百貨店と納入業者とが売上未達成のリスクを共有する代わりに収益増加によるリターンも共有するのに対し、後者では売上未達成のリスクを納入業者が負担する代わりに収益増加によるリターンは納入業者が収受する点に相違がある。ただし、賃貸型出店契約では、前述したとおりこれらのバランスを考慮して、あるいは百貨店・納入業者間の交渉力の強弱等により、固定・変動を組み合わせた多様な賃料体系が用いられるようになっている[28]。

(3) 資金負担

納入業者が店舗を出店する場合には初期投資が必要となり、例えば賃貸型出店契約では、納入業者が賃料その他賃貸借契約上の債務を担保する目的で百貨店に敷金・保証金を預託するのが一般的である[29]。また、設備投資の分担として、建物の躯体の設備投資に係る資金は百貨店が負担し、出店場所を納入業者に「スケルトン渡し」(裸渡し)する。納入業者は、自らのコンセプト、構想の下に自らの費用で内装設備工事を行う等[30]、出店場所の設備、什器等の設備投資に係る資金を負担することが一般的である。

これに対し、百貨店の主体的な営業と捉えられる委託型出店契約では、納入業者による敷金・保証金の預託は原則として生じず、店舗の内装、設備、場合によっては什器等の設備投資に係る資金も百貨店が負担する場合が多い。このため納入業者は、新規出店の際に必要となる資金負担を抑制することが可能となる[31]。また、在庫に係る資金は委託型出店契約・賃貸型出店契約いずれも納入業者が負担するため相違がみられない。

これら資金負担、とくに出店の際の初期投資の負担に関する特徴から、納入業者は、積極的に出店して多店舗化を実現するために賃貸型出店契約で路面店等に出店するのではなく、資金負担の軽い委託型出店契約で百貨店に出店することを選択する場合も多い[32]。

(4) 費用負担

小売店舗を運営する場合には、販売員等の人件費や水道光熱費、備品・装飾費、消耗品費等の費用が必要となる。一般に、賃貸型出店契約では、店舗の共

用部分に要する費用である共益費の負担と併せ，これらの費用は納入業者がすべて負担することとなる。これに対し委託型出店契約では，派遣店員の人件費は納入業者の負担であり，その他の費用は百貨店・納入業者双方で約定に基づき分担される。ただし，近年では委託型出店契約であってもインショップ形式等で納入業者が独自の包装資材や備品等を使用することが多くなっており，納入業者が負担する範囲が拡大している。

(5) MDの分担

両契約とも，店舗全体の運営は百貨店が実行するため，相違は売場でのMDに係る業務の分担に現れる。委託型出店契約における売場でのMDの主体はあくまでも百貨店であるものの，売場でのMDに係る業務の多くを納入業者が実行するのに対し，賃貸型出店契約では，契約の本旨からいっても賃借する建物の一部（出店場所）の使用収益に関する事項，すなわち売場でのMDはすべて納入業者が実行する。

また，MDを多く分担する当事者はそのコントロールの主導権を掌握することができるため，百貨店にとって賃貸型出店契約による出店は委託型出店契約による出店より納入業者のコントロールが弱くなり，これに対し納入業者にとって出店場所を運営する自由度が増すといえる。

(6) マージン率

今まで検討してきたとおり，委託型出店契約と賃貸型出店契約とでは，リスク負担，資金・費用負担および売場でのMDに係る業務分担において相違があり，全体的に委託型出店契約の方が賃貸型出店契約に比べて百貨店の負担が重く，納入業者の負担が軽いという特徴がある。また，百貨店の店舗，のれん，顧客網といった経営資源の利用価値は非常に大きいものであり，かつ，百貨店の店舗全体の運営に要する費用が割高であるため，これらに起因して百貨店・納入業者の収益分配（マージン率）に相違が生じることとなる。

賃貸型出店契約は前述のとおり固定的な賃料を設けている場合が多く，売上に完全に連動する収益分配を行う委託型出店契約と単純に比較することは困難である。ただし，賃貸型出店契約で完全に売上と連動する変動賃料を用いる場

合を想定して比較すると，百貨店に対する収益の分配は，委託型出店契約の方が賃貸型出店契約に比して多くなり，これに対し納入業者に対する収益の分配は少なくなる[33]。

3.3 百貨店・納入業者と顧客との関係の特徴

(1) 顧客との契約主体

百貨店・納入業者と顧客との関係からみると，顧客に対し販売する商品に係る契約責任を負う契約主体が百貨店・納入業者のどちらであるかということが重要となる。委託型出店契約のうち売上仕入および販売業務委託では顧客との契約主体は百貨店となる。ケース貸では，顧客との契約主体は委任的要素と賃貸借的要素の強弱により判断され，実態として百貨店とは捉えられない場合がある。しかし，百貨店は納入業者に対し自らの名義，ブランド等を顧客に使用することを許諾しているため顧客に対し名板貸責任が生じ[34]，百貨店が納入業者の顧客に対する契約責任を連帯して負担することとなる。このため結局のところ委託型出店契約の下では，百貨店は顧客に対する契約責任を免れることができない。

他方で賃貸型出店契約では，顧客との契約は出店場所において自らの名義，ブランド等を使用し，使用収益を自らの計算で行う納入業者が契約主体となる。ただし，外観上の態様により賃貸型出店契約を用いた場合であっても名板貸責任を類推適用し，納入業者の顧客に対する契約責任について店舗全体を運営する百貨店が連帯して負担する場合もある。

(2) 出店場所における名義，ブランド等の使用

委託型出店契約では前述のとおり納入業者が百貨店の一部として百貨店の名義，ブランド等を利用する場合と，納入業者が自らのブランド等を利用する場合とに区分することができ，近年では百貨店の店舗内におけるインショップ化の進行により後者の事例が増加している。しかし，後者の事例であっても，納入業者の出店場所内では消耗品（包装紙，袋，シール等），プライスカード，販売促進物（パンフレット，POP等），値札，レシート，販売員の名札等で百貨店の名義，ブランド等を付したものを使用することが一般的である。

これに対し賃貸型出店契約では，納入業者が自らのブランド等を使用する外観となる。また，消耗品やレシートの表示等も納入業者の名義，ブランド等を付したものを使用する。

(3) 出店場所の物理的な独立性

委託型出店契約における出店場所の物理的な態様としては，百貨店の平場において売場の一部にある開放的なスペースに百貨店が直接仕入れた商品と混在してケース，棚，什器等を用いて出店するものから[35]，平場の一角に設置されたケース，陳列棚，什器等を用いて同一ブランドの商品を1か所に集積するコーナー展開として出店するものがある。さらに近年では，売場の一部に簡易な障壁等を設け，閉鎖的な空間を用いたインショップとして出店するものが増加している。

百貨店におけるインショップは衣料品，身のまわり品，雑貨，家庭用品等のブランドショップ，食品の老舗・有名店，レストラン等によくみられ，この展開方法として店舗の一部をゾーニングして，この部分に納入業者のインショップを集結する売場構成を用いることが多い（特選婦人服や服飾雑貨の特選街や専門店街，レストラン街などが代表例である）。個々のインショップでは，通路面が解放されていることに加え，隣接するインショップ等との区分の方法として，簡易な仕切りや棚・什器等によって各スペースを区画し一定程度の独立性を持たせている。ただし，独立性の程度は商品分野により相違があり，例えばレストラン等では，通路面を含め障壁で囲い，厨房を設ける等さらに独立性の高いものとなる場合もある。

これに対し，賃貸型出店契約に基づく出店では，納入業者の出店場所と隣接する出店場所とは壁，間仕切り，天井等で明確に仕切られているわけではないものの，他の店舗区画や通路とは，リースラインによって区分されている[36]。ただし，近年の傾向として百貨店のインショップと近接化しつつあるといえる[37]。

3.4 営業統制の比較

委託型出店契約では，店舗全体の運営主体かつ顧客に対する契約主体はあく

までも百貨店であり，百貨店にとって自らの店舗，のれん，顧客網を活用した集客力の維持・向上が重要な課題となる。そこで百貨店は，自らが運営する売場だけでなく，納入業者が運営する売場に対し，品揃えの調整，商品・サービス提供の質の確保，付帯サービスのレベル維持・向上等，百貨店の営業方針に基づく納入業者の営業統制を実行することにより，統一感のある一体的な店舗運営を行っている。また，百貨店はシーズンごとに顧客のニーズに則した商品展開場所の機動的な変更，拡縮，入替え，改装等を行うことが多い。このため，納入業者の出店場所の確保，移動，拡縮がシーズンごとの百貨店・納入業者間の交渉に委ねられ，この結果次第で納入業者にとって出店場所が急激に減少する可能性がある[38]。

納入業者にとっても委託型出店契約により出店する場合，百貨店が有する経営資源に依存し，これらを活用して収益を増加させている以上，百貨店の営業組織の一部門として百貨店による営業統制を受け入れる必要が生じ，かつ，契約の本旨からも委託者たる百貨店の指図に従うことが必要となる。このため，委託型出店契約における百貨店と納入業者との関係は，賃貸型出店契約における関係と比較して，より組織的な要素が強くなり，強固に結合する。

他方で賃貸型出店契約の場合にも，納入業者は，百貨店が保有する店舗等の経営資源を利用することに違いはないため，百貨店が個々の納入業者の営業を統制することができる約定が多く盛り込まれる[39]。具体的には，百貨店は納入業者に対し営業種目はもとより取扱対象品目を細かく指定し，休日，営業時間等の営業管理規則を制定し遵守を要求する[40]。これに加え，店舗全体の統一性の維持，納入業者間の利害調整等を目的として，納入業者の営業活動等の統制が約定される[41]。しかし，自己の計算により営業を行い，かつ，顧客との契約主体である納入業者は，契約書あるいは営業に係る規約等に規定がない事項について原則として自由かつ任意に行うことができる。このため百貨店は，自らが意図する品揃えや販売方針を細部にわたって納入業者に従わせることが本質的に難しい。さらに，百貨店が納入業者の営業を適切に統制するだけの従業員の量・質を保有していない場合も多く，これらの理由から，納入業者の品揃えや付帯サービスの提供が百貨店の要求に適合しない状況が生じても，これに介入することが難しい場合もある。また，賃貸型出店契約では，出店場所・期間

を定めて賃貸される。このため百貨店が納入業者の出店場所の縮小や退店を企図しても，納入業者との契約関係が借地借家法の適用を受けることから，これらの実現には正当事由（借地借家法上契約終了が認められる理由）や納入業者の同意が必要となる[42]。

3.5 インショップにおける経済的特徴の比較

　本節では，委託型出店契約と賃貸型出店契約とを比較検討してきた。これらの比較から，委託型出店契約と賃貸型出店契約とでは，百貨店・納入業者双方が所有する経営資源を相互に利用し合うという経済的特徴は一致するものの，詳細に見れば百貨店にとって委託型出店契約では，賃貸型出店契約に比べて収益を確保できないリスク，資金・費用の負担が高くなり，売場で MD を実行する従業員・能力が部分的にも必要であり，かつ，契約主体としての責任を負担する必要が生じる。しかし，百貨店にとって，これらの負担が高いことの見返りに賃貸型出店契約に比べて収益の分配（マージン率）は有利となり，納入業者の営業を強力に統制することができ，かつ，出店場所の移動拡縮等も行いやすい出店形態であることが分かる。

　納入業者にとっても委託型出店契約を利用することは，営業の自由度が低くなり，出店場所の移動，縮小，退店等変更が生じやすいものの，設備投資や敷金・保証金の差入れといった新規出店に必要な資金負担や運営費用の負担が軽い等の特徴を有している。ただし，納入業者にとってこれらの見返りに収益の分配が不利となる。これらの特徴から百貨店・納入業者間の出店契約では，賃貸型出店契約ではなく，委託型出店契約が利用されている一因となっている。

　委託型出店契約・賃貸型出店契約に，百貨店が買取仕入契約を用いて主体的に売場での MD を実行し，これに返品および派遣店員（手伝い店員）の受入れの特約を付した形態（以下「特約付買取仕入」という）を加え，百貨店のインショップでの利用を想定して比較したものが表2-1になる。百貨店と納入業者との関係のうちリスク負担，資金・費用負担について，特約付買取仕入では，百貨店は，負担が重いものの売場での MD を主体的に実行することができ，これに対し賃貸型出店契約では，百貨店は，負担が軽いものの売場での MD は納入業者が全面的に実行するため主体的に実行することができない。

表 2-1　百貨店の出店形態の比較（インショップでの利用を想定した事例）

大項目	中項目	詳細	返品特約付買取仕入＋手伝い店員	委託型出店契約	賃貸型出店契約	備考
取引の特徴	法的性質	契約類型	売員＋販売業務の委託	委託類似の非典型契約	賃貸借	賃貸借では定期賃貸家契約を利用
取引の特徴	収益の分配	百貨店のマージン率	高	← →	低	売上未達成のリスク負担につながる
取引の特徴	所有権	顧客への販売実現までの所有権	百貨店	納入業者	出店業者	リスク負担・資金負担につながる
取引の特徴	売場レベルのMDの業務分担	MDの実行者	百貨店（手伝い店員が補助）	百貨店・納入業者分担（派遣店員）	出店業者（テナント従業員）	設備投資・費用負担につながる
対内関係	リスク負担	商品管理上のリスク負担	百貨店	納入業者	出店業者	所有権の移転時期により相違
対内関係	リスク負担	売残りのリスク負担	納入業者	納入業者	出店業者	所有権の移転時期により相違
対内関係	リスク負担	商品代金の未回収リスク負担	百貨店	百貨店	出店業者	契約主体で相違
対内関係	リスク負担	売上未達成のリスク	百貨店・納入業者共有	原則なし	あり	収益分配での固定部分の有無で相違
対内関係	資金負担	敷金・保証金	なし	なし	固定部分：出店業者・百貨店；変動部分：百貨店・出店業者共有	約定により決定
対内関係	資金負担	設備投資	百貨店	百貨店・納入業者分担	躯体：百貨店；内装等：出店業者	売場レベルのMDの業務分担により決定
対内関係	費用負担	仕入代金の支払い（在庫投資）	百貨店の検品後に支払確定	消費者への販売実現後に支払確定	出店業者	所有権の移転時期により相違
対内関係	費用負担	売場レベルのMDに要する費用負担	百貨店	百貨店・納入業者分担	出店業者	売場レベルのMDの業務分担により決定
対内関係	契約主体	顧客との売買契約の締結者	百貨店	百貨店	出店業者	対外関係における責任負担につながる
対外関係	出店場所の外観	使用する商標・ブランドの所有者	百貨店・納入業者	百貨店・納入業者	出店業者	仕入レベルのMDの業務分担は百貨店の意向と協議により決定
営業統制		出店業者に対する営業統制	強	← →	弱	対内関係・対外関係のコントロール

出所：筆者作成。

百貨店・納入業者と顧客との関係では，顧客に対する契約主体は特約付買取仕入契約・売上仕入契約では百貨店であり，賃貸型出店契約では納入業者である点に大きな相違がある。出店場所の名義，ブランド等は，インショップでの利用の場合には，いずれの形態でも納入業者のものを利用するという外観は同一である。しかし，特約付買取仕入および委託型出店契約では百貨店の名義，ブランド等も併せて利用される。

　百貨店による納入業者に対する営業統制（出店場所の移動拡縮等の統制を含む）は，特約付買取仕入がもっとも強く，これに対し賃貸型出店契約がもっとも弱くなる。収益の分配である百貨店のマージンは，負担関係の相違等に起因して特約付買取仕入がもっとも高く，賃貸型出店契約がもっとも低くなる。これら特徴から委託型出店契約は，特約付買取仕入と賃貸型出店契約の中間的な収益と負担，営業統制となる出店形態であることが分かる。

　以上のとおり本節では委託型出店契約と賃貸型出店契約とを比較分析した。いずれの出店形態を採用するかは，百貨店・納入業者それぞれの計算と双方の協議，最終的には交渉力で優位に立つ当事者の意向で決定されることとなる。そして今までの歴史的な経緯の結果として，百貨店が経営資源を納入業者から補完することができ，かつ，納入業者に対し強い営業統制が可能な委託型出店契約，とくに売上仕入が多用されていることにつながっている。ただし，百貨店が委託型出店契約というビジネスモデルを利用することにより収益を上げられないとき，または百貨店が更なるリスク，資金・費用の負担軽減を必要とするときなど百貨店側の経営環境が変化した場合，あるいは自社のマーケティング戦略の強化を図る必要が生じるなど納入業者側の経営環境が変化した場合には，委託型出店契約が賃貸型出店契約に切り替えられることも大いに想定でき，現にその変化が現れている[43]。

4．小　括

　本章では，百貨店が利用する委託型出店契約3類型それぞれの共通する特徴と，この契約の下での百貨店・納入業者の関係を分析した。次いで，分析結果を基に，委託型出店契約と賃貸型出店契約とではどのような一致点あるいは相

違点があるのかを比較した。ここで検討したとおり，委託型出店契約3類型の特徴としては，納入業者の出店場所が百貨店の組織の一部として百貨店が直接運営する売場と一体的に運用される点，百貨店にとって品揃え形成の際に生じるリスクや資金・費用負担，売場でのMD力を納入業者から補完する点，百貨店の経営資源を直接利用する納入業者を百貨店が強力に統制する点，顧客に対する契約主体が百貨店であるという点が挙げられる。また納入業者にとっても，委託型出店契約3類型を利用すると百貨店の店舗，のれん，顧客網を利用することができる。ここから委託型出店契約の下では，百貨店・納入業者間に互恵的な相互依存関係が形成されることとなる。

　他方で法的性質では，仕入形態としての性質を有している売上仕入とは異なり，販売業務委託は百貨店の売場の運営業務の委託としての性質が強く，ケース貸は百貨店の店舗，名義等の利用に対する収益の分配という性質が強いなど相違が存在している。ただし，委託型出店契約の3類型は，売場でのMDに係る業務が納入業者に委託されるという性質が共通しており，これら法的性質や利用実態と併せ類似する点が多い契約であるといえる。このことは，3類型が相互に転換しやすく，かつ，現在では売上仕入の利用が拡大していることの一因となっている。

　百貨店が委託型出店契約を利用した場合は，賃貸型出店契約を利用した場合に比べ，営業活動により生じるリスクや資金・費用負担，MDの負担が重くなる代わりにマージン率が高くなるという特徴が生じる。また，顧客との関係では，百貨店が契約主体になること，百貨店の名義，ブランド等が使用されるという特徴が生じる。さらに，百貨店の納入業者に対する営業統制が強いという特徴が生じる。百貨店がインショップで利用することを想定して具体的にみると，特約付買取仕入，委託型出店契約および賃貸型出店契約いずれの形態を利用しても，外観上はほぼ同一の態様となる。一方で委託型出店契約は，他の2形態と比較すると中間的な収益と負担，営業統制を特徴とする契約形態となる。

注
1　例えば，筆者が入手した大手百貨店における販売業務委託契約書の利用分野として，衣料品，洋菓子の実演販売，レストランなどが挙げられる。また，過去には百貨店以外でもスーパー，ショッ

ピングセンター，駅ビル，駅構内等での出店で用いる事例が散見された。しかし，現在では少なくとも長期間の出店では後述する定期借家契約による出店が主流となっている。
2　百貨店の名義の表示内容としては，例えば「○○百貨店鮮魚売場」といったものが挙げられる。また，百貨店の名義，ブランド等を顧客に示す方法としては，例えば売場の看板の掲示や消耗品（包装紙，袋，シール等），プライスカード，販売促進物（パンフレット，POPなど），値札，レシート，販売員の名札等での表示が挙げられる。本書においては，これらにより名義，ブランド等を顧客に示すことを「掲示・表示」と定義し，かつ，顧客から見た売場の外形的な「掲示・表示」の態様（百貨店・納入業者どちらの名義，ブランド等が視認できるか）を「外観」と定義する。
3　ケース貸は，スーパー，ショッピングセンター，駅ビル，駅構内などにおいても臨時的な売店の設置，イベント・催事場への出店等で現在も利用されている。
4　中川・松島（1967），p. 234。
5　大西・大木（1996），p. 308。
6　大野・矢野（1983），p. 624。
7　ただし，契約責任が納入業者の責に起因する場合には，百貨店が当該契約責任により生じた損害を納入業者に求償することとなる。
8　厳密にいうと，名義とブランドは区別されるものであり，小売店頭で顧客に掲示・表示される名義は一般的に契約主体を表すものになる。このため，百貨店が顧客に対する契約主体となる委託型出店契約に基づき設置された出店場所に，納入業者のブランドが掲示・表示される場合であっても，名義は百貨店のものを表示することが通常である。このことは，顧客との商品売買契約時に発行されるレシートの名義に端的に示されている。
9　アメリカのリースド・デパートメント（Leased department）においても，デパートの名義で顧客との取引が行われるという点に特徴があると説明されている（McMichael, 1974：67）。
10　岡野（2020），p. 10。
11　岡部（2000），pp. 12-13。
12　岡野（2020），p. 10。
13　岡野（2012），pp. 39-44，および岡野（2020），p. 7。
14　岡野（2012），pp. 40-41。
15　ただし，このコントロールが適切に行われるかは，納入業者の出店に対し賃借人の保護を図る借地借家法が適用されるかにより大きく変わり，とくに百貨店が納入業者の退店を意図する場合にこの問題が顕在化する。売上仕入に対する借地借家法の適用問題は岡野（2012：48-49）を参照。
16　例えば，筆者の入手した大手百貨店における契約書の使用例では，「営業委託契約書」という名称の契約書において，「本商品が顧客に販売された都度甲に仕入れられたものとする」（甲は百貨店）と規定しており，売上仕入契約と同一の会計処理が行われていることが分かる。
17　Berman et al.（2018），pp. 100-101。
18　McMichael（1974），pp. 65-66。
19　McMichael（1974），p. 67。
20　Whitman（2019），p. 196。
21　Fox Williams（2019）。
22　Worthington（1988），p. 14。
23　片柳（2009），p. 60。
24　片柳（2009），p. 64。ただし，2000年3月の定期借家制度導入前に普通借家契約で締結された賃貸型出店契約が定期借家契約に切り替えられず，未だ普通借家契約が継続している場合もある。

25 商品代金未回収のリスクとは，小売業者が販売先に掛売りを行った場合に，販売先の倒産等により売掛金を回収できないリスクである。

26 同様に，顧客からのクレーム対応については，委託型出店契約では百貨店ののれんを保護する意味合いから百貨店が対応方針を決定して顧客に直接対応する場合が多く，これに対し賃貸型出店契約ではテナントが対応方針を決定して顧客に対応する場合が多い。

27 売上未達成のリスクとは，商品の需要状況の不確実性にともない収入を得られないというリスクであり，商品管理上のリスクや売れ残りのリスクのように企業に損失が生じるリスクとは異なり，収益に影響を与えるものである。

28 従来のショッピングセンターではテナントの売上管理の必要がない固定賃料が主流であり，当初テナントが差し入れる敷金や保証金などの負担を考慮した実質賃料で交渉されるケースが通例であった。しかし，近年では，ディベロッパー・テナント間の需給関係の変化によってテナント側の立場が強くなり，テナントのリスクを軽減する方向で交渉が進むことが多い。このため，最低保証付逓減歩合では最低保証の水準が低くなる傾向にあり，単純歩合を要望されるケースも増えているとされている（あずさ監査法人編，2010：35）。

29 商業ビル・ショッピングセンターでは，保証金を預託することが商慣習化しているとされ，これはディベロッパーが建物建設資金をテナントから調達することを目的として行われる金銭の貸借に相当する（大島編，2007：72）。また，ショッピングセンターでは，顧客からテナントが受領した商品・サービス提供に係る売上金を，賃料等の回収の確実性や売上高の正確な把握のため，ディベロッパーに毎日納入させることが一般的である。ディベロッパーは，納入された売上金を賃料，共益費，諸経費等を差し引いて一定期間後にテナントに返戻する。この預託金は敷金と同様の機能を有している。

30 大島編（2007），p. 77。なお，出店場所の工事については，①躯体，基本設備工事などディベロッパーが設計し，ディベロッパーの費用負担で行われるA工事，②電気や空調，給排水，防災など設備の追加増設工事であり，A工事と密接に関連するためテナントの費用負担でディベロッパーの指定する工事業者が実施するB工事，③テナントの内装工事などテナントの設計によりテナントの費用負担で実施するC工事に区分される。

31 委託型出店契約では契約期間を1年間程度で設定することが多いのに対し（ただし，契約期間は交渉により変動する），テナントが初期投資を回収する必要のある賃貸型出店契約では，契約期間をこれより長く設定する場合も多い。例えば，ショッピングセンターの事例では，テナントが物販関係であると5，6年，飲食関係であると8ないし10年と比較的長めの期間を設定することが多いとされている（片柳，2009：64-65）。

32 事例としては，海外のラグジュアリーブランドが日本国内に進出する場合や，成長途上にある食品メーカーが店舗網を拡大する場合などに，資金負担が軽く，百貨店の店舗，のれん，顧客網を利用することができる委託型出店契約を用いて出店する事例などが挙げられる。

33 例えば，2010年当時のヤングファッション分野の出店において，百貨店では通常35から36％のマージン率となるところ，ファッションビルでは10％程度との記述がある（『週刊東洋経済』6251号［2010：48］）。

34 名板貸とは商人が第三者に対し自己の商号を使用して営業・事業を行うことを許諾することであり，当該商人が当該営業・事業を行うものと誤認して取引を行った第三者に対し取引上の債務が発生した場合，名板貸をした商人が当該債務について連帯責任を負う義務が生じる（商法14条および会社法9条）。

35 平場とは，開放的で障壁等がない空間で，一定の商品分野において商品ブランドに捉われず単品

の商品を集積した売場をいう。
36 片柳（2009），p. 60。この点，委託型出店契約におけるインショップでは，賃貸型出店契約とは異なり出店場所の特定が行われないため，実質的に出店場所が特定されている場合があるものの，リースラインという考え方はなじまない。
37 例えば，前述のとおり百貨店のレストラン街などの専門店街では外観・態様を変更せず，委託型出店契約を賃貸型出店契約に切り替える事例も増加しており，外観から両契約形態を区別するのはより困難となってきている。
38 繊維工業構造改善事業協会（1993），p. 184。
39 片柳（2009），p. 60。
40 同上。
41 ショッピングセンターの出店契約の特徴は，片柳（2009：60）を参照。
42 このため，契約期間満了時に確実にテナントを退店させることが可能な定期借家契約が選択され拡大している。また，委託型出店契約を用いた場合にも，納入業者が建物の賃貸借契約であったことを主張して契約期間満了時の退店を拒んで訴訟となる場合も多いため，このことが委託型出店契約を定期借家契約に切り替える要因のひとつになっていると思われる。
43 多くの百貨店では，以前は委託型出店契約で出店していた専門店街，レストラン街等のテナントを賃貸型出店契約の出店に変更し，あるいは専門量販店を賃貸型出店契約で出店させることなどを推進している。例えば，不動産事業の強化を目指している J. フロントリテイリングは，松坂屋銀座店の跡地に 2017 年 4 月に新たに開店した商業施設「GINZA SIX」において売上仕入を用いずに，固定賃料と売上に連動した変動賃料を併用した定期借家契約でテナントを入店させており（『週刊東洋経済』6767 号［2017：60］），大丸心斎橋店本館では，営業面積の 33％が従来型の百貨店売場であり，残りの 67％が定期借家契約のテナントという構成になっている（『週刊東洋経済』6898 号［2019：121］）。また，丸井グループでは，売上仕入の定期借家契約化を推進しており，売上仕入は 2014 年 3 月にシェア 68％であったところ 2019 年 3 月には 19％に減少し，代わって定期借家契約はシェア 12％であったところ 76％にまで増加している。丸井グループ「FACT BOOK 2020 年 3 月期第 2 四半期」p. 24（https://www.0101maruigroup.co.jp/pdf/settlement/2020_2q_foh.pdf，2024 年 8 月 3 日閲覧）。

第 3 章

百貨店の経営環境と品揃えの変化

1. はじめに

　本章では，戦前期における買取仕入に基づく返品，委託仕入および委託型出店契約の利用実態を分析する前提として，この時期における百貨店の経営環境と内部の経営資源の状況を分析する。百貨店がこれらのリスクや資金・費用負担，MD力を納入業者から補完する機能を有している取引慣行を導入した理由は，自らが直面した都市化，新中間層の拡大，生活の洋風化などの経営環境の変化と，それらに対応するための品揃えの拡大過程で百貨店に経営資源不足が生じたことが挙げられる。この不足を補完するため，百貨店が返品制・委託型出店契約を導入したと考えられることから，百貨店をめぐる当時の経営環境と，百貨店が環境変化に対応するために行った店舗規模と品揃えの拡大，これらを実現するための経営資源の状況について分析する。併せて，一見すると自己に不利な返品制・委託型出店契約を受け入れた納入業者の状況と百貨店・納入業者の関係を分析する。これら本章での分析は，第4章以下の買取仕入に基づく返品，委託仕入および委託型出店契約の利用実態等をそれぞれ分析する際の基礎とする。
　第2節では戦前期における百貨店の経営環境と品揃えの変化を明らかにし，第3節では，呉服店の一部が百貨店化を開始し，その後大衆化を進めた百貨店の成長過程を2期に分けて検討する。第4節では，本書で対象とする仕入形態・出店形態の導入・拡大理由となる百貨店における経営資源の不足状況を明らかにする。第5節では百貨店からの経営資源の補完行為を受け入れることとなる納入業者の経営環境を明らかにする。第6節では，買取仕入に基づく返

品，委託仕入および委託型出店契約が戦前期に用いられていたこととその利用分野の概要を平井（1938）に基づいて明らかにする。

2．百貨店の経営環境と品揃えの変化

2.1　百貨店の経営環境

　戦前期における百貨店をとりまく市場の環境をみると，日本経済の産業化と都市部への人口流入による都市化，鉄道網の発達に伴う吸引可能な顧客数の増加，新中間層と呼ばれる中流層の拡大と生活の洋風化等が特徴として挙げられる[1]。

　この時期に生じた消費財部門の工業化は大衆向け標準化商品の供給を拡大し，百貨店は標準化商品の大量販売によりこうした近代生産企業の大規模化に呼応することになった[2]。都市化の進展と鉄道網の発達に伴う吸引可能な顧客数の増加についてみれば，明治以降の産業革命による鉱工業の発達は都市の発達，とくに東京，大阪などの大都市への人口集中をもたらした。1920年には東京市には217万人，大阪市には125万人，京都市には59万人，名古屋市には43万人，横浜市には42万人の人口が集積しており[3]，表3-1のとおり動態としても各大都市地域における人口流入が継続的に生じていた。これら人口流入は，大都市地域に広大な小売市場を形成することにつながった。さらに，大正後期以降の鉄道網整備と沿線開発は大都市への通勤者の郊外居住を可能とし，かつ，都心部に吸引可能な顧客数の増加につながった。例えば，都心部の

表 3-1　大都市地域への人口流入傾向

単位：千人

	1920～25年	1925～30年	1930～35年	1935～40年
東京圏	605	619	619	751
中京圏	45	4	9	46
阪神圏	456	434	778	453
小計（a）	1,106	1,057	1,406	1,250
総人口増（b）	3,774	4,713	4,804	5,562
割合（a/b）	29.3%	22.4%	29.3%	22.5%

出所：鈴木（1980），p. 45。

ターミナル駅周辺では大規模な顧客吸引が可能となったことにより，1929年に梅田駅の阪急百貨店，1932年に難波駅の髙島屋南海店，1934年に渋谷駅の東横百貨店，1937年に阿部野橋駅の大鉄百貨店など多くのターミナル型百貨店が開店した。個人消費の観点では，関東大震災以降に東京・大阪などの大都市が人口は急激な伸びを示すとともに，新中間層が重要な役割を占めるようになってきた[4]。

2.2 生活の洋風化と衣料品の状況

我が国の衣食の洋風化は都市部において1920年代以降に進行し始め，食生活では肉食が進行した[5]。衣料品では軍服の着用に始まり，次いで男性の職業での着用を通して洋服化が普及していった。第一次世界大戦による未曾有の好況は，高級品・贅沢品とされた洋服の普及を促し，さらに企業・工場の新設は新中間層の拡大につながり，洋服の大衆化進行に拍車をかけた。ただし，女性の洋服化は第一次世界大戦後の不況期に女性の職場進出が拡大したときに始まったものの，男性の洋服化に比べ一部にとどまった[6]。

昭和期に入ると男女共にますます洋服化が進行し，とくに都市に新中間層が形成されるようになると，日常必要な背広の需要が拡大した[7]。1933年2月の調査（表3-2）によると，2月中旬の日曜日における三越日本橋本店前での洋服の割合は，男性62％，女性5％，男児86％，女児17％となっている。この調査より，第一に男性の洋服の普及が女性に比べて大幅に進行している点，第二に日曜日という企業の休日における調査のため，男性は背広などの仕事着の洋風化だけでなく，普段着の洋服化も進行していたことが分かる。

表3-2　1933年2月中旬の服装調査

単位：％

性別	洋服	和服
男性	62	38
女性	5	95
男児	86	14
女児	17	83

注：場所は三越本店前で曜日は日曜日。
出所：東京ニット卸商業組合編（1991），p. 38。

表 3-3　1933 年 5 月の服装調査

単位：人

性別	服装	銀座三越前	服部前	総計	1,000 人に対し
男性	大人洋服	3,314	2,663	6,522	509
	学生	545			
	大人和服	416	397	813	64
	男児洋服	37	21	238	19
	小学生	180			
	男児和服	50	7	57	4
女性	大人洋服	459	233	892	70
	女学生	200			
	大人和服	2,833	925	3,758	294
	女児洋服	240	150	390	30
	女児和服	60	73	133	10

出所：東京ニット卸商業組合編（1991），p. 38。

　1933 年 5 月の調査によると（表 3-3），男性は洋服 6,522 人に対し和服 813 人，女性は洋服 70 人に対し和服 294 人となっている。この調査でも，女性に比べ男性の洋服化の進行が著しく進んでいることが分かる。ただし，これらの調査結果をみてもいまだに和服の着用が行われており，とくに女性では半数以上を占めていた。ここから百貨店の出自である呉服分野は，昭和期にあっても百貨店にとって主力の商品分野であったことが見て取れる。

2.3　衣料品の販売形態

　前項に引き続き，衣料品を事例として百貨店が取り扱う商品の流通を概観する。衣料品を消費者に流通させる際の商品の形態として，戦前期は「繊維品」，すなわち生産地より直接買い付けるにしろ，卸売業者を仲介するにしろ織物などの中間製品が主流であった。このため，百貨店を含めた小売店頭での販売は，繊維品である反物が主力だった（図 3-1）。一方で，和服に関しては従来家庭裁縫が中心だったが，明治期に入ると洋服・和服共に注文仕立てが増加し，とくに洋服に関しては家庭裁縫が難しく注文仕立てが中心であった。

　百貨店に対する流通経路（関東大震災後を想定する）は，図 3-1 の流通経路のとおり集散地問屋あるいは地方卸を経由した取引が中心であり，例えば 1940 年ごろの百貨店における京染呉服の仕入では，集散地問屋との取引がもっ

図 3-1　繊維品流通経路の変化

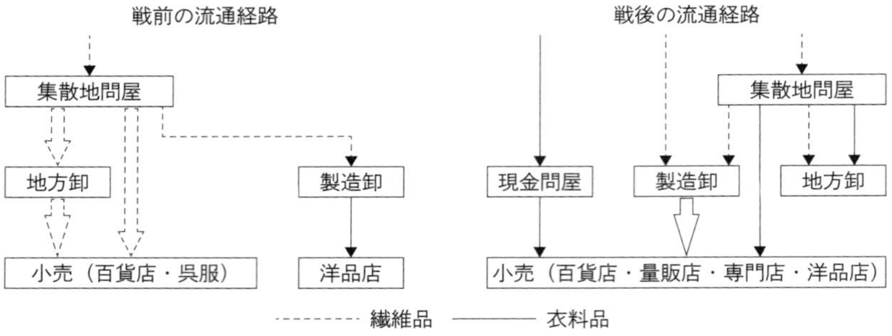

戦前の流通経路　　　　　　　　　　戦後の流通経路

```
         集散地問屋                                    集散地問屋
       ↙    ↓    ↘                                ↓         ↓
   地方卸      製造卸                   現金問屋  製造卸  地方卸
     ↓          ↓                         ↓      ⇩       ↓
小売(百貨店・呉服)  洋品店            小売(百貨店・量販店・専門店・洋品店)
```

 -------- 繊維品　――― 衣料品

出所：中込 (1975), p.102。

とも普通の取引であると指摘されている[8]。

　これら繊維品の流通に対し，洋服の既製服流通の進行は遅れていた。当時の既製服は安物とみられ粗悪品が多く[9]，既製服流通が急速に進行したのは，品質の改善が進んだ戦後復興期以降になってからのことであった。このため，ワイシャツ等の一部の周辺商品や新中間層が拡大した後の背広等において既製服の流通があったものの，戦前期には主流とならなかった。

　1940年ごろの百貨店における洋服の既製服販売の様子として，「既製品問屋が自己の計算において総ての材料を仕入れ，裁断し，裁縫したる完成品を仕入れ，普通商品の如く適当な利益を加えて販売する場合と，百貨店用品部が自身の計算において総ての材料を仕入れ，適当の時期に適当なる数量を，自店所管の裁縫工場に廻附して裁縫のみを委託する場合の二つがあ」った。前者の仕入方式は，「既製学生服，雨具類は殆ど全部，背広オーバー類はその一部に止まる」としている[10]。この記述から，百貨店が取り扱う既製の背広は，百貨店が主体となり製造・販売していた様子が分かる。

3．百貨店の市場対応と成長過程

3.1　百貨店の成長過程の概要

　百貨店の競争環境として，小売市場は多数の中小小売業者と少数の大規模百貨店で構成されていた。百貨店は中小小売業者に対し，量的には販売量の多

さ，質的には取扱商品・サービスの信用力の高さ（いわゆるのれん）等から消費者の支持を得て優位に立っていた。例えば，当時の消費財は，百貨店の商標（ブランド）を付して百貨店の信用力を利用して販売されることが多かった[11]。

前節で検討した経営環境の変化を受けた百貨店は，従来の主力商品分野である呉服とは異なる品揃えを追加し，高所得者を対象とした高級品や輸入品を中心に品揃えの幅と深さを拡大した。次いで第一次世界大戦以降に日用品の取扱いを拡大して大衆化を進展させた百貨店は，品揃えの拡大に対応するための同一店舗の連続的増床による売場面積の拡大や都心部・郊外への新店の出店を積極的に行うことにより大規模化した。さらに廉売や出張販売，無料配達・送迎等のサービス拡充を行った結果，他の百貨店との間で競争が激化することとなった。

一方で，戦前期の百貨店は，顧客に買い物という娯楽を提供し，ショーウインドーや展覧会，広告を通して流行を生み出した。また，消費者にショッピングだけでなく食堂や屋上庭園，展覧会などの娯楽，美術展や音楽会等の文化的催しも提供し，都市生活の中心として機能してきた。このことは，百貨店が「消費行為を通して，新しい近代的な家庭生活を演出していった」と位置付けることができる[12]。このように我が国の百貨店は，衣食住すべてにわたる総合的な生活提案だけでなく，流行・文化の発信基地としての機能も有していることが特徴として挙げられる。

3.2 百貨店化の開始と品揃えの拡大

品揃えの拡大・変化という観点から戦前期における百貨店の成長行動を2期に分けるとすれば，第1期は「デパートメント・ストア」を志向し，呉服店から脱却して品揃えを拡大した1904年から1920年前後までの期間（以下，単に「第1期」という）であり，第2期は大衆化を志向し，取扱商品の低価格化を進め，顧客層を従来の高所得者層から新中間層にまで拡大した1920年前後から1939年までの期間（以下，単に「第2期」という）である（本書における時期区分は序章第2節を参照）。

第1期の始まりである百貨店化の端緒は，三越が合資会社から株式会社に改組するときに行った1904年の「デパートメント・ストア宣言」であるとされ

ている。この宣言では「当店販売の商品は今後一層其種類を増加し凡そ衣類装飾に関する品目は一棟の下にて御用辨相成候様設備致し結局米国に行わるるデパートメント・ストアの一部を実現可致候事」と述べており[13]，三越が百貨店化することにより顧客のワンストップ・ショッピングを実現しようとしていることが分かる[14][15]。

宣言前における三越の品揃えは呉服類，肩掛け，外套，東コート，用品類，小物類などの呉服とその周辺分野の商品であったところ[16]，宣言後の1905年に化粧品，帽子，子供用服飾品，1907年に洋服，洋傘，旅行用品，玩具，靴，鞄，食堂，写真スタジオ，1908年に文房具，美術品，貴金属，たばこ，1913年にカメラとその付属品，1914年に食品（菓子，調味料，総菜，缶詰，酒類）へと拡大した。また，第2期に入った1921年に薬品，図書，運動具，楽器，1922年に折り入り生物（ハム，団子，サンドイッチなど），1926年に切り花，小鳥などが追加された。このように品揃えは，雑貨・家庭用品，食品から特殊な技術等が必要な特殊商品[17]，さらにはサービス提供分野へと拡大した[18]。

三越の百貨店化の動きに追随し松坂屋，白木屋，松屋，髙島屋，大丸等，多くの有力呉服店が品揃えの拡大を行い，呉服の販売シェアは徐々に低下することとなった。

3.3 品揃えの大衆化

第2期には，第一次世界大戦後の不況（1920年恐慌）や関東大震災後の混乱，1927年の金融恐慌と日本経済への打撃が連続して生じ，次いで1929年に生じた世界恐慌の影響による激しい不況（昭和恐慌）が生じた[19]。物価指数をみると，卸売物価指数は好況であった第一次世界大戦期に急増したものの1920年恐慌で急落し，20年代前半は下がった水準で推移し，20年代後半は再び下落，昭和恐慌期にも急落した。消費者物価指数は，第一次世界大戦期に急騰したものの，その後は卸売物価指数ほど下落しないで推移した。

こうした経営環境の変化，とくに不況期における顧客の廉売に対する期待に応え，あるいは百貨店間の競争激化へ対応するために，百貨店は廉売を進めることとなった[20]。また，百貨店は，売上増加策として日用品の取扱いを拡大して急速に品揃えの大衆化を進行させた[21]。例えば三越では，1919年に丸の内

別館を利用して大量の木綿物，日用雑貨，食品等の生活必需品を販売して盛況を得た[22]。また，1927年には大阪店が白米，牛肉，豚肉，家庭用石灰の販売を，神戸店の地下売場が衣料品，日用雑貨を主体とし，米，野菜，果実，牛肉，豚肉など食品の販売をそれぞれ開始し，1931年には本店で精肉売場を開設している[23]。

白木屋，松坂屋といった大手の百貨店も三越と同様に日用品の販売を開始し，とくに東京では関東大震災後の復旧のための日用品販売が百貨店の品揃えに日用品や生鮮食品を加えることとなり，大衆化を進展させる要因のひとつとなった。

このように，各百貨店とも従来の呉服に加えて衣食住すべての分野をカバーする品揃えの拡大を行い，かつ，日用品を取り揃えるようになり集客力を増加して売上高の拡大につなげた。この結果，呉服店から転換した大手百貨店において呉服の売上シェアが低下し，これに対し洋服，雑貨，食品，食堂，サー

表3-4　伊勢丹における呉服・帯の売上高構成比

単位：％

年度	呉服・帯	その他
1924	84	16
1925	82	18
1926	75	25
1927	78	22
1928	69	31
1929	62	38
1930	58	42

出所：伊勢丹（1990：47）の表を筆者修正。

表3-5　伊勢丹の商品別売上高の推移

単位：千円，％

年度	呉服	洋服	小間物・用品	食品	家具・家庭用品	その他注3	計
1936	5,187 (34.4)	839 (5.5)	4,094 (27.1)	1,095 (7.3)	1,220 (8.1)	2,654 (17.6)	15,089
1937	5,717 (33.2)	983 (5.7)	4,769 (27.6)	1,245 (7.2)	1,431 (8.3)	3,097 (18.0)	17,242
1938	5,905 (32.3)	1,176 (6.4)	5,816 (31.8)	1,265 (6.9)	1,176 (6.4)	2,968 (16.2)	18,306

注1：括弧内は売上高構成比。
注2：水戸分店の売上高を含まない。
注3：その他には貴金属・機械・運動具・玩具・雑品・食堂を含む。
出所：伊勢丹（1990），p. 76。

ビス提供などその他の売上シェアが上昇することとなった。例えば，呉服店から百貨店に転換した伊勢丹では，1924年度に呉服・帯の売上高構成比が84%であったところ，1930年度には58%にまで低下している（表3-4）。また，表3-5は伊勢丹における1936年から1938年にかけての商品別売上高であり，これによると呉服のシェアが3割超，小間物・用品のシェアが3割程度と高いものの，洋服，食品，家具・家庭用品，その他といった商品分野もすべて合わせると4割程度のシェアがあることが分かる。

3.4　店舗の連続的増床と支店網の拡大

　百貨店は，品揃えの拡大とともに第1期・第2期を通して店舗面積を徐々に拡大し，建物は木造建から鉄筋コンクリート建に変わり，かつ，同一店舗の連続的増床が行われ，販売方法も座売りから陳列方式に転換していった。また，郊外化に対応した支店網の拡大も同時に行われ，これらの傾向は第2期の終盤である1930年代後半まで続いた。

　同一店舗の連続的増床の観点では，東京における関東大震災による百貨店の店舗被害からの復旧が店舗の大規模化に拍車をかけることとなった。表3-6を見て分かるように，被災した三越日本橋本店や白木屋日本橋本店は関東大震災の被害で一時的に面積が縮小するものの（1925年），その後大幅に面積が拡大することとなった。

　品揃えの拡大とこれに合わせた同一店舗の連続的増床・支店網の拡大は，百貨店に売上増加をもたらした（表3-7）。例えば大正期の松坂屋の売上高の急増は上野店および名古屋店の増改築の結果であり，髙島屋は1932年の南海店

表3-6　東京市内百貨店本店売場面積

単位：坪

店舗	1922年	1925年	1927年	1932年
三越	8,961	4,900	9,661	16,177
白木屋	2,507	1,420	1,006	13,047
松屋	1,500	6,378	6,378	13,826
松坂屋	−	−	−	12,037
髙島屋	500	700	1,000	1,694
伊勢丹	−	600	600	5,600

出所：向井（1941），p. 44。

3. 百貨店の市場対応と成長過程　61

表 3-7　主要百貨店の営業成績

単位：千円

年次別	松坂屋 売上高	松坂屋 純利益	髙島屋 売上高	髙島屋 純利益	三越 売上高	三越 純利益
1916	3,889	184			3,094	1,033
1917	6,319	334			4,192	1,454
1918	10,117	383			5,480	1,910
1919	18,496	970			8,840	2,992
1920	25,249	995	17,663	449	9,605	2,693
1921	29,474	1,899	16,956	631	11,601	3,351
1922	31,567	1,775	16,843	589	11,102	2,764
1923	35,959	△675	19,393	517	10,168	2,297
1924	45,218	2,665	20,616	721	11,043	2,223
1925	52,676	2,154	19,208	631	10,541	2,277
1926	58,127	2,331	10,582	328	11,945	2,942
1927	66,907	2,832	18,713	413	13,553	3,574
1928	65,392	2,703	20,978	471	14,828	3,951
1929	72,293	2,685	22,755	571	13,997	3,520
1930	67,767	2,161	22,949	525	14,073	2,783
1931	65,352	2,403	26,193	735	15,561	2,749
1932	63,660	2,354	33,574	903	15,574	2,237
1933	65,887	2,529	48,764	1,248	16,037	2,250
1934	73,533	3,113	53,736	1,571	16,439	2,500
1935	72,368	2,546	57,020	1,724	17,073	2,647

出所：鈴木編（1998），p. 30。

表 3-8　全小売商販売高に占める百貨店売上高

単位：千円，%

市別	百貨店売上高	全小売販売高	シェア
東京市（1931 年）	235,000	944,000	24.9
大阪市（1935 年）	107,786	780,716	13.8
名古屋市（1933 年）	19,875	128,557	15.5

注：千円未満は切り捨て。
出所：向井（1941），pp. 138-139。

表 3-9　商品分野別の小売商販売高に占める百貨店売上高

単位：千円，%

商品分野	百貨店売上高	全小売販売高	シェア
織物・被服類	94,271	153,022	61.6
建具・家具類	10,252	20,039	41.2
小間物・用品類	19,210	37,982	50.6

注 1：千円未満は切り捨て。
注 2：東京市における実績。
出所：向井（1941：61-62）および向井（1941：141-142）より筆者作成。

全館開店や均一店の展開がその後の売上増加に貢献している[24]。

昭和恐慌期には消費が低迷し，これに対し百貨店間の価格・サービスを中心とした競争激化などにより，小売市場における百貨店のシェア拡大が生じ，同種商品を取り扱う中小小売業者との摩擦が激化した。表3-8は3大都市における百貨店売上高のシェアを示したものであり，1931年に東京市24.9％，1935年に大阪市13.8％，1933年に名古屋市15.5％という結果となっており，とくに東京市の割合が高いことが分かる。東京市において百貨店売上高のシェアが高い商品分野は，表3-9より織物・被覆類，建具・家具類，小間物・用品類等の買回品であったことが分かる。

ここに百貨店の集客力の源泉である買回品を中心として中小小売業者との競争が激化し，この調整と百貨店間での競争抑制を目的として，百貨店の営業活動を規制する第一次百貨店法が1937年に制定された[25]。

4．百貨店における経営資源不足とその補完

4.1 設備・仕入資金の状況

第3節で検討した百貨店を巡る経営環境の変化や品揃えの拡大に対応する過程において，都市部の大手百貨店では経営資源が不足することとなった。例えば資金の面では，各百貨店とも店舗施設の拡充のために設備投資を積極的に行い，これに資金が集中した一方で[26]，品揃えの拡大により仕入資金の必要性も増大した。

具体的には，百貨店は他の小売業に比べ店舗の規模が巨大であるため，固定資産への投資に多額の資金が必要となる。これに加え，前述したとおり戦前期の百貨店は，品揃えの拡大とともに店舗の増床・新設を継続しており，これらに資金を投じる必要があった。このため流動資産である商品在庫へ振り分けられる資金は必然的に過少となる。表3-10は店舗を連続的に増床し，かつ，支店を開店した三越の固定資産の状況であり，1915年を100とした場合，1932年には固定資産である土地建物は1,487.7となっているところ，品揃えの拡大にもかかわらず商品は383.0に止まっていることが分かる。ここに商品の仕入資金を抑制しあるいは不要となる，返品制や委託型出店契約を導入する要因が

4. 百貨店における経営資源不足とその補完　63

表 3-10　三越における固定資産の増大

単位：千円

年度	土地建物	伸び率	商品	伸び率
1915 年	1,680	100.0	2,222	100.0
1917 年	2,662	158.5	3,651	164.3
1919 年	3,540	210.7	7,343	330.5
1922 年	6,777	403.4	7,572	340.8
1924 年	10,002	595.4	6,177	278.0
1926 年	10,725	638.4	6,237	280.7
1928 年	18,606	1,107.5	5,725	257.7
1929 年	18,976	1,129.5	6,419	288.9
1930 年	19,928	1,186.2	6,521	293.5
1931 年	24,635	1,466.4	7,703	346.7
1932 年	24,994	1,487.7	8,511	383.0

注1：1915～19年は12月末日現在，1922年は1月末日現在，1924～32年は2月末現在。
注2：伸び率は1915年を100とした場合の比率。
出所：松田（1933：163-164）を基に筆者作成。

継続的に発生していたといえよう。

　これらの要因に加え，1923年の関東大震災により建物や商品が被災した百貨店は，経営状態の悪化による資金不足が生じることとなった[27]。さらに競争環境でいえば，昭和恐慌期に生じた百貨店間の競争激化は百貨店の大衆化による成長を促進したものの，顧客吸引策や売上増進策の積極化は，一面において競争激化による営業成績低下をカバーするためのものであった[28]。こうした競争激化の結果，経営状況を悪化させ資金不足に陥った百貨店も多く，支店の整理や廃業に追い込まれたものもあった。

　このようにして，百貨店では競争力の源泉である幅広い品揃え形成のための仕入資金の不足がとくに第2期において生じた。ここで，第1章および第2章で検討したとおり，売れ残った商品の在庫を削減して仕入資金の効率化につながる買取仕入に基づく返品や，仕入資金自体が不要となる委託仕入・委託型出店契約が，百貨店の仕入資金を補完する機能として採用され，第2期に拡大したと思われる。

4.2 人的資源の量的な状況

　人的資源の面では，呉服商から品揃えを拡大した当初の百貨店は，呉服やその周辺商品の分野を中心に MD 業務を遂行する能力を有した人的資源を蓄積していた。また，これら以外の分野でも，百貨店は仕入係を欧米に派遣して商品を直接買付け，仕入経験と販売情報を基に，国内の製造業者に輸入品を渡して生産を指導するなど，国内消費財産業育成の指導的な地位に就いていたとされている[29]。しかし，こうした百貨店の人的資源の蓄積は，第 2 期に進展した百貨店の大規模化・大衆化によって量・質とも急速に失われていった。

　人的資源の量の面では各社とも従業員数が年々増加していたものの，店舗規模・数や売上拡大も急激に進行したため不足を補えない状態が続いた。例えば，大手の老舗百貨店である三越と伊勢丹とをみると，百貨店化を開始した直後は店舗の床面積 1m² 当たりの従業員数が 0.10〜0.12 人だったものの，1933 年には 0.05〜0.06 人と約半分になっている[30]。また，ある百貨店の事例として（表 3-11），1926 年，1930 年，1935 年における各売場の従業員数の増加をみると，どの分野においても従業員数が増加しているものの，人数比では主力商品である呉服・雑貨に従業員数が多く，それ以外の商品分野では少ないことが分かる。

表 3-11　京浜地方 A 市 A 百貨店売場員増加表

単位：人

売場＼年	1926	1930	1935
呉服	230	288	387
洋服	53	84	160
雑貨	161	213	270
図書	9	14	42
家具	48	59	64
食品・食堂	64	154	182
食器	19	27	36
貴金属・美術品	36	49	62
マーケット	77	124	182
合計	697	1,012	1,385

出所：向井（1941），p. 65。

4.3 人的資源の質的な状況

人的資源の質の面では，呉服以外の新規の品揃えの拡大等によるMD力の新たな蓄積が必要だった。しかし，幅の広い百貨店の品揃えすべての分野においてMD力を蓄積することが困難であるという本質的な問題が生じた。これに加え，従業員数の不足を補うための新規大量採用による相対的な従業員の能力の低下，勤続年数の短い女性従業員の全従業員に占める割合の増加等により，百貨店のMD業務に関する能力不足は顕著になった[31]。

このうち百貨店の革新性のひとつとされた女性従業員の採用増加は，MD力の不足を招く一因となった。当時の社会情勢より女性の社会進出はまだ一般的ではなく，女性従業員の勤続年数は男性従業員に比べ極端に短いものであった。一方で，業務を循環させることの連続を通してMDに関する情報や技術等を蓄積していく小売業にとって，勤続年数の短さは商品の専門家育成を阻む結果となった。当時の女性従業員の勤務は「嫁入り前の小遣い稼ぎで，ほんの一時的のもの。店員としての研究に熱も無ければ，又，修養もしない。…平均勤続年限は普通1年半で，昨今の如き不景気で，…ようやく2年平均である」と指摘されている[32]。

これらの状況をさらに詳しくみると，表3-12は三越における1921年と1932年との従業員数を比較したものであり，三越日本橋本店・本部では従業員数が増加する中，女性従業員の比率が17.5％から20.8％に増加していること，および本部機能がない店舗の従業員数を表している三越新宿店では女性従業員数の比率が44％に達していることが分かる。また，大阪・地方の各百貨店における男女従業員の比率をみると（表3-13），1930～1931年の時点で女性従業員の割合は多いところで54％（福屋），少ないところでも25％（松坂屋）

表3-12 三越における従業員数

単位：人，％

年	三越日本橋本店・本部			三越新宿店		
	女性	総従業員	女性の割合	女性	総従業員	女性の割合
1921	298	1,898	17.5			
1932	507	2,426	20.8	221	546	44.0

注：1921年は10月1日現在，1932年は4月30日現在。
出所：松田（1933），p. 244。

66　第3章　百貨店の経営環境と品揃えの変化

表3-13　大阪・地方の各百貨店における男女従業員の割合

単位：%

店舗	男性	女性
大丸	60	40
三越	72	28
髙島屋	60	40
阪急	60	40
松坂屋	75	25
白木屋	56	44
十合	70	30
今井	50	50
山形屋	65	35
天満屋	65	35
福屋	46	54

注：大丸から十合まで（大阪）は1930年10月調査，今井から福屋まで（地方）は1931年10月調査。
出所：松田（1933：244-245）より筆者作成。

となっており，女性従業員の比率が高いことが分かる。さらに，1931年の東京市における職業婦人調査（表3-14）では，女店員（このうち9割以上が百貨店で勤務）の約7割が勤続年数3年以下であるとの結果が出ている[33]。

女性従業員は勤続年数が短いことから，業務の難易度が低い商品・サービス

表3-14　東京市の職業婦人調査による女店員調査（1931年3～4月）

配偶関係　　　　単位：%

未婚	既婚
97.0	3.0

勤続年数　　　　単位：%

勤続年数	%
1年以下	28.5
2年以下	29.3
3年以下	15.4
5年以下	16.5
7年以下	7.1
10年以下	2.3
15年以下	0.6
20年以下	0.1
20年超過	0.0

出所：松田（1933），p.246。

分野に配属されたり，販売・補助業務に従事したりすることが多かった。当時の百貨店では，「婦人労働が機械的労作に従事」しており，三越では女性従業員のうち「仕入部に従事する者は殆ど無く，販売部に於ても商品知識を多分に要する家具，貴金属，美術品売場に少く，機械的労作にて事足るマーケットに多い」と指摘されている[34]。この指摘について，表3-15の三越における各売場の男女構成をみると，女性従業員の割合が高いのがマーケット売場，寄切格安品売場，既製品売場など，比較的低廉な価格で販売される商品が多い売場であることからもうかがえる。これらのことから，第2期にかけて進行した女性従業員数の増大が量的には人的資源をある程度補完したものの，質的には補完できなかったと思われる。

これらの経営資源の状況に加え，情報的資源の観点からみると，品揃えの拡大と顧客の大衆化により，それ以前の高級品を取り扱っていたときの「顔の見える」顧客から不特定多数の「顔の見えない」顧客への転換がもたらされ，需要の不確実性を高める結果につながったといえる。髙島屋の百貨店化初期にお

表3-15 三越における各売場の男女構成（1932年4月現在）

単位：人

売場別	男性	女性
家具売場	28	4
貴金属・美術品売場	43	6
マーケット売場	71	64
木綿売場	15	5
御召売場	11	3
毛斯類売場	11	8
模様石持売場	13	2
銘仙売場	11	6
白生地売場	12	0
高等着尺売場	13	1
綿蚊帳・蒲団売場	8	2
友禅売場	11	3
半袖・小物売場	3	17
帯地売場	13	2
寄切格安品売場	7	20
色無地売場	10	1
既製品売場	3	10

出所：松田（1933：247-248）より筆者修正。

ける大売出しの様子の回想として,「店員も亦精々お得意さんに安価に好い物を買って貰おうと思って,前日から,銘仙だとか帯だとか値打ちのあるものを,之はどこそこさんへ,之は何某さんにと風呂敷に入れて前もって準備して置く。そして当日それをご覧に入れて買って戴く,大抵のお得意様には風呂敷に三杯位買って戴いた」との記述がある[35]。これは当時,百貨店が得意客の情報を事前に把握し販売に生かしていたことを示しており,同様にこうした顧客情報は仕入時にも生かされていたといえる。このように,顧客情報を仕入・販売に活用することは商品の売れ残りリスクを低減することにつながっていたと思われる。しかし,百貨店が不特定多数の顧客を相手にするようになると顧客情報が獲得・活用しづらくなり,リスクが高まることにつながった。

　人的資源の量の減少・質の低下が進行し,また,顧客情報の活用が難しくなったことにより,業務に関する難易度が販売業務より高い仕入業務では,とくに第2期である1930年代に能力不足やレベル低下が顕著になった。例えば1934年の文献では「百貨店仕入係の商品鑑識眼は大部分素人臭味が抜け切らない」として能力不足が指摘され[36],あるいは1933年の文献では「デパート側でも,それぞれ商品に関する研究は怠らずにやってはいるであろうが,それでも問屋側に比べたら,それぞれの商品に対する知識は,テンデ問題にならぬ。況んや多くの場合,問屋側の持込む商品は無条件で受入れる仕入係が多い」と指摘される事態に至った[37]。

　このような資金・人的資源の不足に加え,百貨店は,売場面積の拡大の割には倉庫スペースを増やせなかったという問題に直面した。百貨店が仕入の技術等を伝統的に持っていた呉服分野では,関東大震災以前から産地との直接取引を行っていた[38]。しかし,百貨店は前述した資金・人的資源の不足や倉庫スペースの不足に対応するため,製造業者との直接取引から卸売業者との間接取引にシフトして多頻度小口発注を行い(第1章第2節を参照),卸売業者の有するMD力や金融機能・保管機能を活用することとなった。これにより百貨店は,仕入資金,人的資源の不足と倉庫スペースの不足を解消しつつ[39],第1章で説明したとおり商品の平均在庫額の削減を可能としたのである[40]。こうした卸売業者との取引拡大は,返品の受入れ拡大の素地を形成することとなった。

5. 納入業者の状況

5.1 卸売業者の状況

　戦前期の消費財を取り扱う卸売業者は，江戸時代から継続して膨大な数の小規模零細的な製造業者と中小小売業者双方を媒介しており，この状況は伝統的な食品分野のほか，新しい工業製品として登場した衣料品の分野においても変わりないものであった[41]。この機能を支えたのは卸売業者の有する豊富な資金，商品の企画力，組織力であり，卸売業者は，これらに基づき中小規模の製造業者・小売業者双方に対し強い力を持っていた[42]。例えば繊維品の卸売業者に対する評価として，「多年の資本蓄積によって，明治以降も自己資本の比率も高く，その豊富な資金力によって，産地を従属せしめ，小売には優位に立ち，いぜんとして，繊維流通のカナメの役割を果たしてきた」と指摘されている[43]。

　消費地である東京の繊維卸売業者は「ほとんど専門業者だけ」であり，「呉服，綿布，洋反，足袋地，ネル問屋というようにハッキリ専門にわかれていた」と指摘されている[44]。このように取扱う商品の範囲が限定されていたことから，これら卸売業者は，自身が専門とする商品分野の情報蓄積を相当程度有していたと思われる。消費地の卸売業者のうち百貨店と取引を行った者は，百貨店が厳選した比較的大規模である業者が多く，例えばメリヤス分野では，戦前期に百貨店と取引を行っていたのは「デパート屋」と称するとくに大規模な卸売業者が多かったとされている[45]。ただし，後述するように返品制を利用して百貨店との取引を獲得した中小卸売業者もおり，あるいは委託型出店契約で百貨店に入店する納入業者は特殊商品を取扱うMD力，あるいはサービス提供部門においてはこれを提供することが可能な技術等を持った中小商工業者が多かった。さらに，名店街等に出店する納入業者においては一定の商品・サービス分野においてブランド力，技術等を有した納入業者が多いなど，商品分野により納入業者に多様性が存在していた点に留意が必要である[46]。

　卸売業者の市場環境として，第2期に断続的に生じた不況により製造業者間，卸売業者間の競争は激化することになった[47]。とくに，関東大震災による

被害により小資本の中小小売業者の復興が遅れ，これに対し大資本の百貨店の復興は相対的に早かった。このため卸売業者は百貨店への販路獲保を重視しなければならず[48]，百貨店との取引を巡る競争が激化する一因となった。

5.2 百貨店・卸売業者間の取引の状況

　これらの状況に加え，納入業者にとって百貨店との取引は中小小売業者との取引に比べ，量的には大規模な店舗が基盤となった販売力に裏打ちされ，商品の納入量が多くなるものであった。また，質的にはのれんを有する百貨店との取引により自社取扱商品や企業としての信用力が向上することや，取扱商品の改善につながる情報が得られることにより[49]，自らの商品の販売促進に寄与するものであった。これらに加え納入代金が現金で支払われることが多いこと[50]，手形払いであっても支払サイトが他業種に比べて短期である場合が多く[51]，かつ，企業規模からくる経営の安定性により支払が確実でしかも手形の割引率が低率であることなど，百貨店との取引は金融上のメリットを有していた[52]。

　ここに納入業者は，百貨店との取引を重視し新規取引の開始や既存の取引関係の継続を強く希望した。これに対し百貨店は良質な商品の安定的な仕入のため，納入商品，信用力等の厳格な基準を設けてこれに合格した納入業者との間で口座を開設することにより，取引実績があり厳選された納入業者との安定的な取引を目指した。例えば，戦前期の口座の実態として，百貨店の仕入係は「どんなに良い品でも仕入口座を新しく作るのが面倒なので仕入をしないとか，ゼヒ置きたい品でも，どこかの既設口座を通らねば取引しない」という状況であった[53]。

　こうした百貨店の口座の実態は，納入業者間で口座を開設し取引を拡大するための激しい競争を生じさせることにつながった。具体的には，戦後復興期の状況であるが，「口座をもたない問屋が納入するため新規に口座をデパートに開いてもらうことはなかなか困難で，口座をもつ問屋を通して納入を余儀なくされる場合もあり，口座は一種のグッド・ウイルとなって」おり，「デパート仕入の特定問屋への集中化は，問屋間でのはげしい販売競争がもたらした結果であり，また『口座』を通じてのデパートの強大な支配力を表示」していると

評されている[54]。

　このような百貨店・納入業者双方の状況は，納入業者が百貨店に対し商品の納入量，のれんの利用，金融上のメリット享受等を依存する関係を形成し，かつ，納入業者間での競争を激化させて取引先を転換する可能性が低い状況を生じさせ，百貨店が納入業者に対し強力なバイイング・パワーを形成することにつながった[55]。百貨店はこのパワーを行使することにより，納入業者との取引条件を優位に展開することとなった[56]。この百貨店の納入業者に対する優位性は，一方では仕入価格の引き下げにつながったものの，他方で返品など百貨店に優位な取引条件の獲得につながった[57]。

6．戦前期における百貨店の仕入形態・出店形態

6.1　百貨店の仕入形態・出店形態の概要

　以上で検討したとおり，百貨店は資金，人的資源など経営資源の不足を補うため，とくに第2期に入ってから卸売業者からの垂直的な外部資源の補完機能として返品制を導入・拡大し，あるいは中小商工業者からMD力を補完する委託型出店契約を導入・拡大したと考えられる。具体的には，商品回転率を高め資本の回転を向上させるために不良在庫削減機能を有する返品制，手持の仕入資金がなくても幅広い品揃えを実現できる委託仕入・売上仕入，百貨店内部の人的資源削減にもつながるMD機能の一部または大部分の外部委託機能を有する委託型出店契約は，それぞれ百貨店の経営資源不足を補う役割を果たすこととなった。

　表3-16は平井（1938：238-242）および補足的にダイヤモンド社編（1931：1145-1146）に記載された，百貨店が用いた商品分野別の仕入形態・出店形態を表にしたものである。この表に基づけば，戦前期には返品特約付買取仕入のほか，委託仕入および委託型出店契約3類型がすべて利用されていたことが分かる。戦後復興期である1952年に公表された公正取引委員会の調査では[58]，百貨店の仕入形態として買取仕入，委託品仕入（同調査の記述から委託仕入に該当する）および売上仕入が利用されていると説明し，かつ，この時期には「返品を条件とする買取仕入」が行われているという指摘がされている。委託

表 3-16 百貨店が用いた商品分野別の仕入形態・出店形態

区分	完全買取仕入	返品特約付買取仕入	委託仕入	売上仕入	販売業務委託	ケース貸
原文での名称	単純なる買取り	残品返却仕入	委託仕入	売り上げただけ仕入れるという形式	請負制度・歩合制度	「外形的には百貨店の一部として成立つ」形式 / 「わざわざ其の店の名前を出す」形式
呉服・洋服周辺商品	絹物類・その着尺（織物衣服地）/ 染着尺（染物衣服地）/ 生地 / 帯地 / 洋反物 / 木綿類 / 洋服 / 洋服用レディメイド / オーダー / 婦士雑貨（絹イ・付属品・鞄）/ 紳士雑貨（絹イ・付属品・鞄）/ 帽子類 / ワイシャツ類	半襟・小間物の一部 / 紳士雑貨（ネクタイ・付属品・鞄）/ 婦人子供用品 / 木綿類 / 洋装のレディメイド / オーダーメイドの大部分 / ショール / 複物の普通品	—	—	—	—
雑貨家庭用品	—	寝具の一部 / 文具 / 家具室内装飾品 / 台所用品 / 家庭用品	家具	—	—	大阪の百貨店における銀座の専門店街
食品	—	—	食料品	食料品・洋菓子	各種の商品	ツーリストのための土産物店 / 全国各都道府県の特産品売場 / 食料品の一部
その他の商品（特殊商品等）	—	書籍 / 楽器 / 運動用具 / 玩具の大部分 / 乳児用品 / 化粧品 / 薬品	特別な商品 / 季節品	貸金庫 / 園芸用品 / 花・切花 / 植木 / 小動物（犬・猿・兎・リス・鈴虫・生物（小鳥・金魚等）・おむつ・蚤・金魚等）/ 時計 / 靴	—	専門店部 / 喫茶部
食堂サービス	—	—	—	鞄子の修理およびクリーニング / 理髪 / 食堂の一部（高級食堂および特殊飲物（すし、天ぷら等）	ツーリストビューロー / アレイガイド / セーリング / 催事およびに付随する販売の多く	食堂・子供のためのルナパーク（遊戯場）/ 京都の有名な食物屋横町
備考	「呉服屋時代から持続せられて居る商品」で利用	注：他に「残品値下り問屋負担」という仕入方式が記載されている	「呉服物等には全然なし」と記載されている		委託型出店契約3類型	

注：薄い網掛け部分は仕入形態、濃い網掛け部分は委託型出店契約による利用範囲を示す。
出所：平井 (1938：238-242)、および委託仕人のみダイヤモンド社編 (1931：1145-1146) より筆者作成。

型出店契約についても，売上仕入のほか，販売業務委託・ケース貸共に戦後復興期における百貨店での利用がみられ，これらのことから戦前期から戦後復興期にかけての仕入形態・出店形態の同一性がみられる。

　利用されている商品分野の傾向として，呉服・洋服およびその周辺商品と雑貨・家庭用品では，百貨店が主体的にMD業務を実行する完全買取仕入，返品特約付買取仕入および委託仕入が利用されている（表の薄い網掛け部分）。これに対し，食品，特殊商品，食堂・サービス提供の各分野では，委託型出店契約が利用されていることが分かる（表の濃い網掛け部分）。これら利用分野の傾向を総じてみれば，呉服店が百貨店化を開始した第1期までに取り扱うことになった商品分野では買取仕入が多く用いられ，百貨店の品揃えが拡大し，かつ，大衆化した第2期に取り扱うことになった商品分野およびサービス提供分野では委託仕入・委託型出店契約が用いられていたという一般的な傾向が見て取れる。ただし，委託仕入は呉服でも用いられたと記述した文献も多く（詳細は第5章第2節で分析する），かつ，販売業務委託やケース貸のうち出店業者の「わざわざ其の名前を出す」形式は，少数ではあるものの呉服を始めとするすべての商品分野での利用がみられる（詳細は第6章第3節で分析する）。

　本書では，これら仕入形態・出店形態がすべて戦前期から利用されていた事実と，表3-16でみられるこれらが利用される商品・サービス提供分野の特徴を踏まえつつ，第4章では買取仕入の返品，第5章では委託仕入，第6章では委託型出店契約について，それぞれの利用実態を詳細に分析する。

6.2　百貨店の売場における外観上の特徴

　ここで戦前期の返品制と委託型出店契約を分析する前に，商品の品揃えを展開していた売場がどのような外観上の特徴を有していたのかを検討する。戦前期の百貨店の売場の多くは商品を靴，ハンドバッグ，シャツなどといった商品ラインごとに単品を集積して構成する平場であった（第2章第3節を参照）。写真3-1は戦前期の各百貨店の平場の様子であり，開放的な空間に商品をラインごとに棚，ガラスケースなどの什器を用いて陳列し，当時には既にディスプレイや装飾品が多用されていた様子がよく分かる。また，平場の商品は，百貨店が納入業者から仕入れたものを，主に百貨店の名義，ブランド等を用い，百

写真 3-1　平場の外観

① 松坂屋上野店（1907 年）

出所：大丸松坂屋百貨店「松坂屋の歴史」
　　　（https://www.daimaru-matsuzakaya.
　　　com/company/history-matsuzakaya.
　　　html, 2021 年 6 月 20 日閲覧）。

② 藤崎本店（戦前期）

出所：藤崎「会社を知る沿革」（https://
www.fujisaki.co.jp/recruit/company
/history.html, 2021 年 6 月 20 日閲覧）。

③ 大鉄百貨店　呉服売場
　　（1937 年・現近鉄百貨店阿倍野店）

④ 藤崎本店（戦前期）

出所：乃村工藝社「ディスプレイ・デザインの歴史」（https://www.nomurakougei.co.jp/display
design/history/modern.html, 2021 年 6 月 20 日閲覧）。

貨店の従業員が主体となり販売していた。

　他方で戦前期から現在のインショップに該当する売場も一部で導入されており，例えば「百貨店内の専門店」と称する売場では，「一部の高級品好みの人達」を対象として，店舗内に「いくつかの特別の店をこしらえ，陳列室のようなものや，入口まで拵えて，専門店の感じを出し，そこで商品を吟味して，専門店らしい商品」を取り揃えていた[59]。こうした専門店形式の一部には，第 6 章で分析する納入業者のブランドを利用する売場が利用されていた。

　本書では，第 4 章から第 6 章までの分析において，この平場による売場構成

を念頭において，各仕入形態・出店形態の外観上の特徴を分析する。

7. 小　括

　本章で検討したとおり，戦前期における百貨店の経営環境として重要なことは，都市化と鉄道網の発達，新中間層の拡大と生活の洋風化等が挙げられる。百貨店は，こうした環境変化に対応して売上を拡大するため従来の呉服から衣食住やサービス提供にまで品揃えの幅と深さを拡大することとなった。これを第1期とすると，続く第2期には，第一次世界大戦後の断続的な不況や関東大震災の復興といった環境変化に対応するため，新中間層を顧客層として取り込むことを目指し，百貨店は品揃えの大衆化を行って日用品やサービス提供を拡充し，とくに昭和恐慌期にこの動きを強めることとなった。

　しかしこれらの行動により百貨店内部の資源不足という問題も発生した。品揃えの拡大を可能とした同一店舗の連続的増床および支店網の拡大は，百貨店の設備資産の増大を招き，品揃えの拡大に伴う仕入資金の必要性増大や関東大震災および競争激化による資金繰りの悪化も生じた。人的資源の面では，量的には店舗増床・多店舗化および大衆化による販売数量増加に対し人員増加は遅れがちであり，質的には新規取扱い商品の増加や新規大量採用，勤続年数が短い女性従業員の増加などがMDを実行する能力の低下を招いた。顧客情報の面では，従来の購買行動を把握できる高所得者層の「顔が見える」顧客から，大衆化により新中間層の「顔の見えない」顧客がターゲットに加わり，需要の不確実性が増加した。

　第1期の卸売業者は，江戸時代に比べて地位が低下していたものの，豊富な資金力，商品の企画力などを有していた。第2期において卸売業者は，競合他社との競争が激化し，かつ，関東大震災の復興過程で百貨店への販路確保を重視せざるを得ない状況におかれた。これらの状況に加え，納入業者は百貨店に対し商品の納入量，のれんの利用，金融上のメリット等に依存する関係が形成されていた。その上で百貨店は口座制により納入業者を厳選し，納入業者は百貨店との取引を巡って同業者との競争を激化させたことにより，取引先の転換可能性が低い状況におかれた。このような状況は，百貨店が納入業者に対し強

力なバイイング・パワーを形成することにつながった。百貨店は、このバイイング・パワーを行使することにより、取引条件を自社に優位に展開することが可能となった。

これらの百貨店・納入業者双方の状況により、百貨店・納入業者間の取引において買取仕入に基づく返品、委託仕入および委託型出店契約が導入され、第2期に拡大していくこととなった。平井（1938）では、当時の百貨店が利用していた仕入形態（委託仕入を除く）・出店形態について詳細に記述されており、これに加えて別の文献では百貨店が委託仕入を利用していたことが記述されている。これらのことから、戦前期に百貨店は、仕入形態・出店形態とも戦後復興期あるいは現在とほぼ変わらない形態で利用していたことが分かる。これらの実態をふまえ、第4章以下では返品制・委託型出店契約を詳細に分析する。

注

1 本書における新中間層の定義として、鈴木編（1998：17）の用例に従い、「公務員や会社員を中心とする都市における」中流層とする。彼らの生活としては、俸給生活者であり、一戸建の貸家を借り、背広姿で都市に通勤しており、独自の生活スタイルを持って都市に新たな文化を作り上げたことが指摘されている。
2 百貨店の品揃えの拡大は、当時揺籃期にあった消費財メーカーに大きな販路を提供したと評されている（鈴木編，1998：20）。
3 鈴木（1980），p. 44。
4 鈴木（1980），p. 48。
5 鈴木（1980），p. 58。
6 洋服化の記述は中込（1975：42-52）に基づいて記述した。
7 中込（1975），p. 49。
8 江見編（1940），p. 47。
9 中込（1975），pp. 62-64。1937年の大阪における紳士既製服の販売価格が25円であったところ、注文服は48～50円と2倍であったとされている（中込，1975：64）。
10 日本百貨店組合調査彙報編集部（1940），p. 372。
11 戦前期から戦後復興期にかけては、消費財でナショナルブランドが確立されていないものも多く、百貨店が買取仕入に基づき仕入れる商品は、顧客の信用を得るために百貨店の商標（ブランド）を付す場合が多かった。例えば「百貨店への供給に於ては、百貨店自身の商標を附すことが多いが、小売店への供給の場合には生産卸商自らの商標付にてすることが普通である」と指摘されている（村本，1937：358）。また、大阪市における帽子の製造業者と百貨店との取引について、「製造家より直接仕入れる小売屋並に百貨店は一般に大量仕入れを為し、自店の商標を入れしむる場合がある」と説明されている（大阪市役所産業部，1928：77）。納入業者にとっても「マークを全国的に売り広め度い希望であるが、デパートではこの製造元のマークを拒絶して」おり、「製造

元の宣伝が徹底している有名品だとデパートでもそのままのマークで取り扱つているが，二流三流どことはデパートの信用で商品を売つてもらえる」と説明されている（門田，1936：35-36）。
12　初田（1993），p. 217。
13　三越（1990），p. 285。
14　呉服店が百貨店化を進めた原因として，都市化および生活の洋風化以外にも，アメリカから伝えられたデパートメント・ストアに関する知識および日本の勧商場の盛況に啓発されたこと，および呉服店の商品自体が広く安定した需要を持っていたことに加えて，明治中期以降に流行性をも併せ持つようになり新しく活発な需要喚起を可能にしたことが指摘されている（そごう社長室弘報室編，1969：105-106）。
15　品揃えの拡大以外にも，部門別管理・正札販売・陳列販売・低価格高回転政策・返品自由といった改革を行った。
16　鈴木編（1998），p. 11。
17　特殊商品という用語は，戦前期における百貨店の取扱商品として文献に頻出するものの，明確に定義されているわけではない。本書では，取扱いに特殊な技術等が必要である周辺的な分野の商品という意義で利用する。
18　鈴木編（1998），p. 11 および p. 20。
19　本項における経済情勢と卸売・小売物価指数の記述は，中西編（2013），pp. 196-198 に基づく。
20　例えば松坂屋は，1920年恐慌を契機に行った呉服の産地直接仕入で実現した大量廉売について，百貨店間の集客競争に勝つためにその後も恒常的に行うようになり，松坂屋の大衆化の端緒となった（中西・二谷，2018：213-216）。
21　鈴木編（1998），p. 35。
22　三越（1990），p. 74。
23　鈴木編（1998），p. 20。
24　鈴木編（1998），p. 29。
25　百貨店法（昭和12年法律第76号）。同法の主な内容としては，百貨店の新設・拡張の許可制や出張販売・閉店時刻・休業日の許可制，営業統制機関としての百貨店組合の監督等であった。
26　鈴木編（1998），p. 28。
27　例えば白木屋は，関東大震災で日本橋にあった本店を焼失し，復興時にバラック立ての仮店舗を開設したものの，得意先の多かった下町の被害が大きく営業は困難を極め資金は切迫し，経営が行き詰ることとなった（白木屋，1957：368-369）。
28　鈴木（1980），p. 106。
29　百貨店事業研究会（1935），p. 33。
30　伊勢丹広報担当社史編纂事務局（1990）および三越（1990）の資料より算出した。
31　戦前期に百貨店の仕入担当者が必要とされた知識の例として，靴分野において「仕入係員は百貨の中の一種或は二種の商品のみ精通して居ればよいのであ」るものの，靴の仕入係員は「ただ皮に精通して居ればよい様に思われているが，それ丈けでは不十分である。或はゴム靴の裏つけ，孔及びレースの知識が無くてはならない。靴製造用の布の種類，白麻及び製靴の製造工程に精通しなくともよいが一応知って居てもよい」と説明されている。また，紳士用の洋服では織物および織物でないものでも材料となるすべてに精通している方が得であることが多く，これらの知識がなければ「完全な務めも責任をも完うする事は出来ない」と評されている（松宮，1934：99-100）。このように百貨店の仕入担当者は狭い商品の範囲であっても製造方法や素材にまで踏み込んだ深い知識が求められていたことが分かる。

32 前波（1931），pp. 121-122。
33 表3-13では，百貨店間で女性従業員の割合が異なり，この理由は判然としないが，女性定員採用に関する方針の相違や前記した女性従業員が多い売場・サービス提供部門の面積，売上シェアの相違などが影響している可能性がある。
34 松田（1933），pp. 244-247。
35 大阪髙島屋本部（1937），p. 148。
36 久冨（1934），p. 95。
37 上野（1933），p. 33。
38 大手の百貨店は絹織物の産地に出張所を設けて仕入業務を行っていた。例えば三越は京都と桐生に仕入店を設置し，松坂屋も京都に仕入店を設置していた。
39 鈴木編（1998），p. 28。また，陶磁器の取引において百貨店が産地取引から卸売業者の取引を選択した理由として，代金決済に便利なこと，検品の際に不合格品があった場合に取替が容易なこと，商品の補充が迅速に行われること，倉庫の必要がないことが指摘されている（商工省商務局編，1930：37-38）。
40 産地からの直接取引から卸売業者を介した取引の転換は，百貨店に生じる商品の売れ残りリスクを低下させる役割を果たしている。例えば，百貨店の洋服地の取引では，「近年『流行』が重要視せられ，顧客の『嗜好』に追随する底の経営方法が採られる様になつた為め，大量契約を必要とする生産者直接取引は漸減の傾向となった」と指摘されている（日本百貨店商業組合調査彙報編集部，1940：370）。
41 佐藤（1982），pp. 67-68。
42 佐藤・高丘（1970），p. 169。
43 中込（1975），p. 275。
44 中込（1975），p. 276。
45 通商産業大臣官房調査統計部編（1950），p. 200。
46 百貨店は，品揃えの幅の広さや奥行きの深さを維持するため，取引する納入業者数が他の小売業態に比べて多いことが特徴である。とくに希少財や特殊商品は，取り扱う納入業者が限られている場合も多いため，さらにこの傾向が強まるといえる。
47 例えば，1920年の繊維相場大暴落と関東大震災の被災は，繊維製品の卸売業者に大きな打撃を与えた（中込，1975：276）。また，昭和恐慌期には，納入業者が代金の支払の確実な百貨店への売込み競争を激化し，「娘一人に婿八人」というたとえが出るほど百貨店が納入業者を厳選することができる状況を生み出し，不景気にかかわらず「百貨店の仕入が極めて楽で我儘を通せる」という事態になったと指摘されている（有賀，1932：93-95）。
48 鈴木編（1998），p. 28。
49 村本（1937），p. 359。百貨店側の見解として，大丸副支配人であった中村章治は「製造家は百貨店や問屋の意見を聞くと，百貨店は売れ行きのよい品々をよく知つているから，それを参考にすれば時好に適した商品をつくることが出来る」と説明している（中村，1934：21）。
50 例えば，エプロンの製造業者が低価格での商品納入が要求される百貨店との取引を行った理由のひとつとして，百貨店が仕入代金を現金で支払うため取引上の安全性が高いことが挙げられている（東京市役所，1932：276）。
51 1930年当時の手形サイトの状況として，百貨店が卸売問屋に振り出した支払手形は通常30日払であるのに対し，市中の小売商は30日または60日払，地方の小売商は60日乃至90日払であると説明されている（朝日新聞社政治経済部編，1930：27）。

52 例えば,「三越と取引をしておると云う無形の信用上の利益もあろう。大量に買入れてくれると云う利益もあろう。しかし何と云っても最大の利益は金融上の利便が非常に多いと云うことである。払いは確実であって,しかも比較的短期の手形で支払われる。しかも三越の手形ならば云うまでもなく一流手形であるから割引くにしても極めて低率である」ため,卸売業者にとり廉売を行ってでも百貨店と取引することにメリットがあったと指摘されている(下田,1930:102-104)。また,百貨店の振り出す手形は「紡績手形に続く信用」があるため,金融機関から割引を受ける際に条件が良いとされている(平井,1933:15)。別の文献では当時の百貨店の支払手形が通常30日払いであるところ,一般小売商は東京市中が30日または60日払い,地方が60日乃至90日払いと説明されており,かつ,1930年当時の不況下において百貨店が支払確実であるのに対し中小小売業者の支払いが不確実である状況が指摘されている(白石編,1930:27)。

53 倉本(1936),p. 28。

54 公正取引委員会事務局調査部(1952),p. 36。別の文献では「ネーム・バリューのある百貨店となんとか取引実績をつくりたいという願望をもち,過当競争を繰り広げ」ており,「有力百貨店との取引が勲章的意味合いをもち,急速に成長していった問屋も多かった。このため,百貨店の「殿様商売」は続いた」と指摘されている(岡田,1991:111)。

55 バイイング・パワーの形成は,納入業者の百貨店に対する依存関係が形成されており,かつ,競争状況等により納入業者による取引先の転換可能性の低いことが要因となる。大規模小売業者による納入業者に対する優越的地位の形成要因は,岡野(2006),pp. 282-286を参照。

56 この優位性は商品の需給関係によって変動し得るものであり,例えば戦時体制に突入しつつあった1939年時点の記述では,物資不足を契機として「百貨店の中でも,支払期日の長いもの,返品の多い店,歩引其他で問屋側に経費の負担を転嫁している店などは,有力問屋から次第に敬遠されつつあ」り,これに対し「支払の正確な取引の手堅い店には問屋の方でも一層力を入れる」と指摘されている(飯塚,1939:92)。

57 例えば,納入業者からみた百貨店と中小小売業者との仕入条件の違いについて,供給時に百貨店の商標(ブランド)を付すこと,数量,信用,回収率等の関係から卸売価格を5~10%低くすること,特売の際に労力的援助をすることが挙げられている(村本,1937:358)。

58 公正取引委員会事務局調査部(1952)。

59 倉本(1937),pp. 57-58。

第4章

買取仕入に基づく返品の利用実態

1．はじめに

　本章では，戦前期において百貨店が利用した返品制のうち買取仕入に基づく返品の利用実態について分析する。1990年代までの研究では，アパレルメーカーであるオンワード樫山の創業者である樫山純三が自伝において戦後復興期に百貨店との取引で「委託取引」を導入したと記述したことに基づき，これをもって返品制の端緒とする研究が多かった。これに対しその後の研究の進展から返品が戦前期から行われていたことが明らかにされている。戦前期の返品制に関する代表的な研究としては，戦後復興期の公正取引委員会が刊行した資料に基づく高岡（1997）の記述や，江尻（2003）における「返品制の戦前起源説」に関する記述（ただし，委託仕入と捉えられる白木屋の特別現金仕入をもって起源としている），戦前期に刊行された文献から買取仕入に基づく返品の利用実態を明らかにした岡野（2002），岡野（2004a），岡野（2019）および岡野（2021b）が挙げられる。戦前期の返品に係る利用割合や返品額・率など量的な側面は，当時実態調査等が行われていないために解明することが困難な課題であるものの，利用範囲や返品目的，態様など質的な側面は当時の資料・文献を精査して明らかにすることが可能である。そこで本章では，岡野（2019）および岡野（2021b）に基づき，買取仕入に基づく返品について，戦前期も質的な側面で「制度化されていない返品」（第2節で定義する）が行われていたことを明らかにする。

　本章の構成として，第2節では百貨店特殊指定による規制に基づき「制度化されていない返品」の範囲を明確化する。第3節では，第2節の分析に基づ

き，戦前期に「制度化されていない返品」が普及した経緯を百貨店・納入業者双方の観点から分析し，次いで返品が利用された商品分野，「制度化されていない返品」の質的な実態および当時の評価を明らかにする。これらの分析によって，戦前期の百貨店・納入業者間の買取仕入に基づく返品の質的な実態の全体像を明らかにする。

2．「制度化されていない返品」の範囲

2.1 買取仕入に基づく返品の契約法学的解釈

　第1章で検討したとおり，百貨店の各仕入形態ではリスク・仕入資金の負担に相違がある。このうち商品の返品・返戻について契約法学の視点から検討すれば，顧客への販売時まで商品の所有権を納入業者が有する委託仕入および売上仕入において売れ残り商品を納入業者に返戻することは法律上当然のことである。これに対し買取仕入に基づく返品では，売買契約により商品を購入し所有権を自らに移転した百貨店がこの契約を解除し，または納入業者との間で商品を再売買することにより，いったん受領していた商品を納入業者に返還して所有権を再び移転するという法律構成になる。

　本章の検討対象である買取仕入に基づく返品をその理由から分類すると，民法には納入業者に有責性がある場合として，納入業者の債務不履行，瑕疵担保責任等に基づく契約解除（民法第541条・第570条）による返品が規定されている[1]。また，納入業者に有責性がない場合であっても，契約自由の原則から返品が事前に売買契約の特約として規定されるものが返品特約付買取仕入である。さらに，事前に返品特約がない完全買取仕入の場合であっても百貨店・納入業者間で事後的に合意すれば返品を行うことができる。

2.2 百貨店特殊指定に基づく返品の規制

　このように，契約法学の視点からは契約自由の原則に基づき百貨店の都合により，あるいは百貨店に有責性のある返品であったとしても納入業者と合意すれば自由に返品を行うことができる。しかし，この返品により公正な競争を阻害するおそれが生じる場合には，独占禁止法に基づき優越的地位の濫用として

規制され，契約自由の原則が修正されることとなる。

　具体的に，現行法上では独占禁止法第2条第9項第5号ハにおいて，自己の取引上の地位が納入業者に対し優越している百貨店がこの納入業者に対し，正常な商慣習に照らして不当に不利益を与える返品を制限している。戦後復興期に百貨店・納入業者間の取引で行われていた「制度化されていない返品」等の濫用行為を規制対象とするため，公正な納入取引の基準として制定された百貨店特殊指定（現在は廃止）では，店舗面積等で一定の要件を備えた百貨店業者が，取引上の地位の劣っている納入業者から購入した商品について，この納入業者に返品することを原則として禁止している（第1項）。こうした返品が禁止される理由は，返品によりリスク負担を納入業者に転嫁することで納入業者に不当に不利益を与えることに求められる。ただし，同指定では例外的に許容される返品として，

① 納入業者の責に基づいて汚損，毀損等した商品の返品（第1号）
② 注文と異なった商品の返品（第2号）
③ 正常な商慣習の範囲内の返品（第3号）
④ 返品による損失を補償した上で納入業者が同意した返品（第4号）
⑤ 納入業者にとって直接の利益となり納入業者の申出に応じた返品（第5号）

の5類型を定めている。

　これらの返品が許容される理由を，商品の売れ残りリスクの負担という観点から検討すれば，①および②は納入業者に有責性があるために納入業者に不利益が生じても当然許容される返品であり，売れ残りリスクの負担の転嫁とは直接的に関係のないものである。

　③では，「正常な商慣習」への該当性を判断する際に，返品特約の有無，取引の諸条件から見たリスク負担により納入業者に生じる不利益性の程度，および返品が行われる期間の事前明確化を要件としている[2]。この要件が満たされることにより，納入業者は，返品を受け入れる条件から商品の売れ残りリスクの負担の程度を計算して，商品の納入価格に反映させることが可能となる[3]。ここから③は商品の売れ残りリスクの分担が事前に明確化されている場合（返品特約付買取仕入に該当）として許容される返品である。

④および⑤は，どちらも事前の返品特約がない完全買取仕入を用いているため百貨店が本来商品の売れ残りリスクを負担するべきところ，事後的に納入業者に行われる返品である。これらが許容される理由としては，④については納入業者に利益がないまでも損失は生じず，⑤については納入業者に返品で受ける不利益を補う利益が生じるため，いずれも納入業者に不利益が生じないことに求められる。

2.3　本章における「制度化されていない返品」の範囲

これらの考え方をまとめたものが表 4-1 となる。高岡（1997）に基づき売れ残りのリスク分担が事前明確化されている返品が「制度化された返品」と捉えると，その範囲は，表 4-1 のうち「良品返品」であって「契約時」に返品の約定がなされる場合であり，かつ，「百貨店に責・都合がある返品」（網掛け部分）が該当することとなる。ただし，高岡（1997）では「制度化された返品」をさらに狭く解し，百貨店が商品の売れ残りリスクの一部を負担する場合に限定している。これに対し，百貨店特殊指定上は商品の売れ残りリスクを納入業者がすべて負担する約定となっていても，これが正常な商慣習となっており，かつ，事前に明確にされていれば許容される。

ここで改めて百貨店特殊指定の基準により許容される返品の範囲をまとめる

表 4-1　百貨店特殊指定上許容される返品

返品の種類	決定時期	納入業者に 責・都合がある返品	百貨店に 責・都合がある返品	備考
良品返品 （売れ残り リスク）	契約時	納入業者の債務不履行注1	返品特約付買取仕入	売れ残り品の 返品を想定
	契約後	納入業者の債務不履行 納入業者からの申出注2	完全買取仕入での 返品の合意	
不良品返品 （商品管理上の リスク）	契約時	納入業者の債務不履行・ 瑕疵担保注1	返品不可注3 （百貨店による破損， 汚損等）	破損，汚損等に よる返品を想定
	契約後			

注1：契約時に当該理由による返品が約定されている場合が多いものの，約定がなくても民法の規定により返品が可能となる。
注2：納入業者からの申出に基づくため，納入業者の合意は問題とならない。
注3：契約時の約定の有無を問わず返品は不可となる。
出所：筆者作成。

と，納入業者に有責性・都合がある場合は返品が当然に許容されるので除くとして，百貨店に有責性・都合がある場合において，売れ残りリスクについては事前の分担が明確化されていることが必要となる。一方で商品管理上のリスクについては分担（不良品返品）が一切許容されず百貨店がすべて負担することが必要となる。また，許容される返品に該当しない返品は，すべて許容されないものと捉えられる。

本章では，戦前期と戦後復興期とで同一性のある「制度化されていない返品」が行われていたことを検討するものである。このため「制度化されていない返品」の範囲を，高岡（1997）で捉えるものとは異なり，戦後復興期に百貨店・納入業者間の公正な納入取引の基準として定められた百貨店特殊指定の基準に基づき許容されない範囲と定義する。第3節ではこの定義に基づき，戦前期の百貨店において「制度化されていない返品」が行われていた実態を明らかにする。

3．買取仕入に基づく返品の利用実態

3.1　百貨店からみた返品の端緒

第3章で分析したとおり百貨店の経営資源不足と百貨店のバイイング・パワーの形成により，百貨店・納入業者間の納入取引では，戦前期から返品特約付買取仕入や完全買取仕入の事後的な返品が行われるようになり，拡大していったと考えられる。以下においてその経緯を当時の文献・資料を用いて分析する。

百貨店側から買取仕入に基づく返品が行われるようになった端緒をみると，不良品や納入数量過多など納入業者に有責性のある返品は，百貨店が誕生する以前から当然に行われていたと考えられる。一方で，商品の売れ残りリスクを負担するための良品返品が行われ始めた端緒は，文献・資料がなく明らかでない。こうした良品返品は，百貨店が品揃えを拡大する過程で在庫資金や倉庫スペースの不足を補う手段として卸売業者との取引を拡大し，これに伴い不良在庫の組織的調整手段としても拡大したと考えられる。このことは，戦前期に刊行された文献において返品問題が売上増加を図るため「百貨店側が商品の豊富

なることを誇示せんが為めに特に購買力以上の仕入をなすことに基因」している と指摘され[4]，あるいは返品が問屋制度という我が国独特の産業組織が生み出した「奇形児的商慣習」であり，百貨店が返品を導入することで「倉庫一つ持たずして」多額の売上を上げることが可能となったと指摘されている[5]。これらの見解は返品が卸売業者との間接取引の拡大と密接に結びついていたことを示している。

返品の数量面での実態を検討すれば，百貨店が仕入れた数量の75％の売上を上げれば好成績であり，多くの場合は60％にも達せず，売れ残った商品は必ず何らかの理由によって返品されると指摘されている[6]。この指摘から，戦前期においても百貨店では相当程度の売れ残り商品が恒常的に発生し，これらを調整する手段のひとつとして返品が利用されていたことが分かる。しかし，すべての百貨店が返品を行っていたわけではなく，「百貨店の中には全然返品などと云う条件を附けないで，値段又は品物の方で有利にしているものもある」ことが指摘されている[7]。

当時の百貨店・納入業者間の関係性として，「戦前には，仕入係の中には仕入先の細かい面倒をみてやったり，仕入先を育成せんとする心掛けの者が少な」からずおり，納入業者も「百貨店を"おたな"と考え，奉仕の念が強いものが多かった」として相互の信頼関係に基づく納入取引が行われていたと指摘されている[8]。とくに，経営状態が良好で資金的・人的資源が比較的潤沢にあり，旧来からの取引関係が長期間継続している納入業者の多かった大手の老舗百貨店では，このような信頼関係がより強く形成されており，かつ，完全買取仕入を重視する仕入方針を採用している場合も多かったと思われる。これらの百貨店の一部においては，委託仕入の利用が抑制されるとともに（委託仕入の利用状況は第5章を参照），返品の導入も抑制されていた。例えば大丸では大正期に当時専務であった美川多三郎が「仕入れの際には品物をよく吟味し，絶対に返品せず，心のかよった取引をするように」と指導していたとの記述がある[9]。また，三越は「問屋との紳士的取引で，三越では問屋に無理な要求は絶対にしない」と指摘されている[10]。商品分野ごとにみれば，戦後復興期の文献の記述では[11]，「昔の呉服は全部買取りで，値引きも破損もみな百貨店で負担し，取引先問屋，メーカーにビタ一文の迷惑もかけなかった」と指摘されてい

る。

　このように大手の老舗百貨店の一部では返品がある程度抑制されていたと思われる一方，第3章第4節でみたとおり，百貨店の人的資源の量的な不足と質的な低下が進行し，これにより仕入係の能力不足が返品の原因となっているとの指摘は多い[12]。さらに，返品問題は経営内容の劣る百貨店でとくに顕在化すると指摘されている[13][14]。百貨店間でも完全買取仕入を重視する仕入方針を徹底できる場合とできない場合が存在し，後者において返品の導入・利用が拡大したと思われる。

3.2　納入業者からみた返品の端緒

　第3章第5節で検討したとおり，とくに第2期において断続的な不況や関東大震災以降の百貨店との取引拡大により，卸売業者は百貨店に口座を開設するための競争手段として返品の受け入れを拡大した。このことについては，1934年に刊行された文献によれば，新たな販路を求めていた卸売業者が百貨店に対し「商品の売行及びストックに就いて，共同責任を執る事を競争的に申出た」ものであり，百貨店が一方的に返品を強制するという「一般に考えられるような『片務的』なもの」ではないと指摘されている[15]。また，卸売業者の中には，返品を利用して百貨店と取引を行い，百貨店に商品を「倉庫代り」に預け信用力の高い百貨店の手形を受領する者の存在が指摘されている[16]。本章で引用している返品に関する問題を指摘する文献・資料の多くが1930年代に記述されたものである。このことからも，返品が百貨店の経営資源不足や昭和恐慌などによる納入業者の営業不振と納入業者間の競争激化などにより1930年代にかけて拡大し，これに伴い返品の弊害も顕在化したと思われる[17]。

　返品を受け入れた卸売業者の規模として，商品の売れ残りリスクを負担する資金がある大規模な卸売業者だけでなく，中小規模の卸売業者も百貨店との取引継続のため競争相手への対抗策として返品を利用していた。例えば返品問題は，百貨店の横暴事例として喧伝されたものの，旧来より百貨店と取引している中小卸売業者にとって返品を武器とした対抗戦略を続ける必要があり，百貨店による「返品解消の提案は，逆に問屋さんの哀願に依って撤去される」と指摘されている[18]。

卸売業者が競争手段として商品の納入価格の引下げではなく返品の受入れを選択した理由としては，納入価格の引下げが競争手段として限界に達していたことが指摘されている[19]。こうした状況において，納入取引において従前利用していた完全買取仕入から，委託仕入・売上仕入ではなく返品特約付買取仕入に移行することは，百貨店にとっては仕入価格を変更する必要がなかった。卸売業者にとっては，百貨店が仕入代金を一旦支払うことから，百貨店の仕入資金に対する金融機能を担う必要がなく，かつ，売れ残りが生じなければリスクが顕在化しなかった。これらの理由から，この移行は，双方にとって相対的に受け入れやすかったと思われる。ただし，卸売業者が競争手段として用いた付帯的な取引条件は返品の受入れだけでなく，戦後復興期に百貨店特殊指定により規制対象となった手伝い店員の派遣や1970年代に問題化した協賛金の提供も挙げられ，これらは利用規模・範囲は不明確ながら当時用いられていた記述がある[20]。

　卸売業者が百貨店から返品された商品を処理する方法として，当時の資料では，卸売業者が製造業者に返品する商品は卸売業者の検収に不合格となったものが大多数であり，良品返品は少数の例外を除いて行われていないとされている[21]。別の文献では，百貨店からの返品で生じる負担は卸売業者の製造業者に対する金融面での主従関係に基づき，仕入価格の引下げを通じて製造業者に転嫁されていたものの，製造業者が卸売業者の要請で極度にこの価格を引き下げたため余地が残されておらず，最終的には卸売業者が負担せざるを得なくなったと指摘されている[22]。こうした返品による負担を少しでも減らすため，卸売業者は廉売用商品として百貨店の店頭で値下販売し（次項で詳述する），あるいは百貨店から返品された商品を主として百貨店以外に廉価で再販売する等の処理をしていたと思われる[23]。

　さらに，納入業者の中には百貨店の仕入担当者の能力低下を逆手に取り，返品による負担増加を百貨店に納入する商品の納入価格を高くする，あるいは品質を落とすことにより回収を図っていた者もいたようであり，返品は百貨店に一見有利に見えるが，「納入値段の不廉或は品質粗悪商品の納入を誘導する原因」を作ると指摘されている[24]。

3.3　返品が行われていた商品分野と返品方法

　百貨店で返品が行われていた商品分野の特徴をみると，第3章第6節で分析した平井（1938：238）によれば（表3-16を参照），完全買取仕入に相当する「単純なる買取」は百貨店の中心となる仕入形態であり，これを採用している商品分野は，絹織物，織物衣服地，染物衣服地，生地，帯地，洋反物，木綿，洋服のレディメード，紳士帽子，ワイシャツであると説明されている。これらの商品は，百貨店が呉服店時代あるいは百貨店化した初期から取扱っている衣料品等が多く，かつ，生地，反物など最終形態が確定していない中間段階の繊維品が多い。このためMDを実行する人的資源が不足しがちであった百貨店でも比較的取扱いの蓄積があり，売れ残りリスクを自身の能力で抑制することが比較的容易な商品であったといえる[25]。

　これに対し，返品特約付買取仕入に該当する「残品返却仕入」は，一応買っておくが売れ残ったものは問屋が戻し品を受けるものであり，この仕入形態を採用している商品は半襟，小間物の一部，寝具の一部，ネクタイ，付属品，鞄，書籍，文具，楽器，運動用具，玩具の大部分，乳児用品，婦人子供用品，洋装の大部分，ショール，履物の普通品，化粧品，薬品，家具室内装飾，台所用品，家庭用品などであると説明されている[26]。これらの商品の多くは，百貨店の品揃えが大幅に拡大した際に新たに取り扱われるようになった商品である。これらの商品におけるMD力の不足による商品の売れ残りリスク増大について，返品がこの増大を補う役割を果たしていたことを示している。この点について「呉服屋さん上がりの百貨店は，呉服以外には仕入専門家は皆無であった」との記述があり[27]，これを裏付けている。

　これらの商品分野を取り扱う卸売業者としても，百貨店の人的資源不足を逆手に取って返品を販売促進手段として積極的に用いていたようである。例えば「当時の雑貨問屋は，人材なきが為に，動もすれば逡巡狐疑して消極的に流れんとする百貨店首脳者を説得して，当然，百貨店の為すべき重大なる事務の一部を分担する……進歩せる又甚巧妙なる新委託販売式戦法に依って，彼らの販路を拡張する事に成功したのである。返品の自由，納入上のサービスは勿論……最初より売買契約の附帯的義務であったのである」と指摘されている[28]。

　返品の方法について，当時には既に多様性があり，百貨店が売れ残り商品

を納入業者に返品し，納入業者が百貨店に納入代金を全額返戻する方法だけでなく[29]，高岡（1997）が指摘する納入代金の何割かを差し引いた金額を返戻する方法，売れ残った商品を新規の納入商品と交換する方法等が用いられていた[30]。また，特殊な方法としては，「売廻し」と称して百貨店と納入業者との協議により売れ残った商品の返品手続きを伝票上で行い，原価近くまで値引いた上で伝票上再納品して百貨店の値下販売の原資とすることや[31]，「残品値下り問屋負担」と称して売れ残った商品を返品しない代わりに百貨店が値下販売をした場合の損失を卸売業者が負担することが行われていた[32]。これら特殊な返品方法は，納入業者にとって返品を受け入れて自ら処理する場合に比べ，利益は得られないものの商品を売り切ることが可能となる。このため陳腐化が進行しやすい商品では，納入業者にとって返品の受入れよりも優位性のある売れ残り商品の処理方法であったといえる。

3.4 「制度化されていない返品」の実態

戦前期の返品の実態が「制度化されていない返品」であったのかについて検討すると，1933年当時の文献に返品の原因を卸売業者に直接的に原因があるものと間接的に原因があるものに分類して分析しているものがある[33]。このうち直接的な原因は，商品の品質不完全，価格不適当，生産不統制（売れ足を見ない），季節外れ（シーズン物の投入遅れ等）の4つに分類されている。これらは，いずれも百貨店での商品の売れ残りにつながり，納入業者に対する返品に直結する原因として示されている。

間接的な原因は，売り方の不適（百貨店の研究不足），強制返品（仕入係の未熟・棚卸前のストック減らし等），圧制的な返品（仕入係の感情を害した場合），失策による返品（仕入方針失敗）に分類されている。これらはいずれも百貨店側に有責性がある原因となっている[34]。その他，間接的な原因として，約束による条件付返品と請託返品（卸売業者側からの依頼に基づくもの）が挙げられている。このうち約束による条件付返品は返品特約付買取仕入に基づく返品であり，ここでこの返品原因を例示していることから，直接的・間接的な原因を問わず，他に列挙されている返品は，主として完全買取仕入における事後的なものを念頭に置いていると解釈することができる。請託返品は納入業者

の都合による返品であり，前出のとおり百貨店特殊指定の基準でも適法とされるものである。その上でこれらの各原因はいくつかが組み合わさって返品が行われる場合が多いと指摘されている。

この分類より2つのことを指摘することができ，第一に，返品の直接的な原因では百貨店に熟練した仕入担当者がいれば仕入を見合わせる内容のものが示されている。また，間接的な原因のうち売り方の不適や失策による返品は，百貨店に熟練した販売・仕入担当者がいれば防げる場合も多いと思われ，これらのことから百貨店の人的資源の質的な低下が返品の一因となっていたことが分かる。第二に，間接的な原因のうち強制返品と圧制的な返品で挙げられたものの多くは，百貨店の一方的な都合による返品に該当する。こうした返品は，百貨店特殊指定の基準に照らせば許容されない可能性があり，「制度化されていない返品」につながるものである[35]。

これらの返品に加え，百貨店特殊指定の基準で許容されていない，商品管理上のリスクを納入業者に転嫁する返品，具体的には納入業者に有責性がない汚損品等を納入業者に返品することも戦前期から行われていた。例えば「店に店晒しになった商品とか，客がいじくり廻して汚れてしまったりした物」や顧客による返品が自由という百貨店の営業政策により「何年もかかった後」に百貨店に戻された商品の返品が行われていることが指摘されている[36]。

高岡（1997）では「戦前の返品システムでは，一定のルールのもとで，百貨店と卸売業者とが，リスクを分担していた。つまり『制度化された返品』であった」として戦前期と戦後復興期との返品の質的変化を主張している。しかし，以上で検討したとおり百貨店特殊指定に基づく返品に係る規制内容に則してみれば，戦前期にも商品の売れ残りリスクの分担という範囲を超え，「制度化されていない返品」が「制度化された返品」と並行して行われており，ここに戦前期と戦後復興期との質的な同一性があることが明らかである。

3.5　返品が百貨店・納入業者に与える悪影響と社会問題化への対応

序章で述べたとおり現代の百貨店における経営不振の一因は，返品の拡大による百貨店のMD力の衰退に求められることが多い。一方で，このような指摘は戦前期から行われていた。例えば返品により百貨店の仕入担当者が「どう

せ返品がきくのだからと思うと，仕入の時にミがはいらない，委託品と同じような気分になる，延いて店員の仕入技術が発達しない」と指摘されている[37]。このように，返品により納入業者に商品の売れ残りリスクを転嫁する行為により，百貨店の仕入担当者による仕入業務を遂行する能力が低下するという説明が戦前期にも行われていたことが分かる。

　別の文献でも，百貨店の大衆化とMD力の低下が百貨店の品揃えを均質化し，かつ，商品の品質低下を招いたが，これは「百貨店自身が危険を回避する考えに依る」こと，つまり「返品が利くこと」が最大の原因と指摘されている[38]。これにより百貨店は「問屋に売場を開放し売れ残ったものは自由に返品する方がどれだけ利益であるか知れ」ないことを認識し，「売場が合理化」されることとなり，これに対し「売場は問屋の努力如何によって支配され，百貨店自身の特異性による顧客への魅力はなくなって来」たと評されている。

　こうした買取仕入に基づく返品が百貨店経営に対し与える悪影響のほか，納入業者に与える悪影響が社会的に問題化しているとの指摘があり，実際に卸売業者が百貨店商業組合に対し返品に係る損失負担について改善を陳情したという記録がある[39]。さらに，卸売業者が競争上の手段として返品の受入れを自発的に百貨店に提案し，百貨店がこれを受け入れたという指摘が多くみられるものの，当時の文献では百貨店がバイイング・パワーを利用して返品を始めとする有利な取引条件を納入業者に強制的に受け入れさせていたとの指摘も存在している。

　例えば卸売業者間の競争激化の観点からは，「百貨店より納入商品の不当に近い『返品』があったとしても，問屋側は同業が多いのと，百貨店自体の実力を知悉するが故に，大部分泣寝入りに終わるのを常態とされ」，常に不満を抱いているという状況があり，このことは「決して健全なる商取引の発展課程（原文ママ）」とみなされないとの指摘がある[40]。取引量の観点からは，百貨店が「問屋の売上の三分の一を占めるという位に有力」となりその取引依存度の高さから「問屋の消長，一にその百貨店の向背によって定まる」状態となり，その弱みに付け込んで返品が行われ，納入業者がやむを得ず受け入れているとする指摘がある[41]。同様に，取引量や金融上の有利さの観点から「商品の納入者は比較的金融上の余裕に乏しき中小工業者か問屋であつて，デパートが纏ま

つた大口の得意先でもあり，信用の確実なところから返品問題や納入条件に就いて不平を喞ちつつも取引を継続せざるを得ない」とする指摘もある[42]。

返品以外の取引条件でも，百貨店が製造業者との廉売用商品の仕入交渉において「若し応じなければ後の取引関係を絶つとの意味も暗にふくまれて居る」交渉を行っているとの指摘や[43]，納入業者も取引継続のために百貨店による商品の買いたたきをやむを得ず受け入れているとの指摘[44]，特価品の提供要請を「仕入係から受けた時，もし断れば今後の影響に断り切れず承認せざるを得ない」との指摘が行われている[45]。これらの指摘から納入業者の百貨店に対する取引依存度の高さ，百貨店との取引の重要性，競争激化からくる納入業者による取引先の転換可能性の低さ等により生み出されたバイイング・パワーを利用して，百貨店は返品などの納入業者に不利益が生じる取引条件を強制的に受け入れさせていた事例が存在していたことが見て取れる。

このような問題を受け，百貨店による取引の公正化に向けた努力により返品問題を是正すべきとの意見は当時から主張されている。この方法としては「最初の契約時より，支払条件，全部買取か，売れ残りたる場合には一部は返品とすべきかを明示」するなど，「商品取引の明朗公正こそ望ましいもので」あり，「百貨店も問屋も正当なるコミッション・マーチャントとしての採算基準が立つものであること」を考える必要があると指摘されている[46]。返品が可能となる範囲・条件等を事前に明確化することは，第2節で述べたとおり返品を受け入れる条件であることを納入業者があらかじめ計算し，納入価格に反映させることを可能とするため，百貨店特殊指定に基づく規制においても許容される返品となり得る。

一方で，当時は経営資源の蓄積を有していた卸売業者に対し指導的地位を発揮して返品量減少に向け努力することを求める見解も出されている。上野（1933：33-34）では百貨店の仕入担当者の商品知識のなさと卸売業者の多さから「返品される原因が売る側にあることはいうまでもない」として，「返品を少しでも減じて，この莫大な負担からまぬがれる為には，百貨店側を指導出来るところまで，返品に対する研究が出来ておらねばならぬ」として返品の原因分析とその対策が重要であると指摘している。

さらに論を進めて返品の制度的な解決を求める見解も出されており，返品

を含めた百貨店の濫用行為に対し,「いささか商道徳を無視したやり方」であり,当時の百貨店の中小小売業者に対する競争上の自制策だけでなく「商工省で問題にしてもらい度い」ものであり,「問屋各自が何等かの形式で問題にする時がくる」と指摘されている[47]。また,返品や仕入代金の長期支払等の行為により倒産する納入業者も存在していたため,これら不当な返品等に対し,「取引を正常化し,百貨店納入者双方の繁栄を図るの途は,能う限り自由競争の余弊たる不秩序の状態を制限」する必要があると指摘し,この手段としては,卸売業者の「組合的結束」や紛争発生時の裁定委員会により解決することを提唱する見解がある[48]。結局「不秩序の状態の制限」という考え方は,戦前期には実現しなかったものの,戦後復興期の1954年に独占禁止法の規制に基づく百貨店特殊指定の制定という形で実現することとなる。また,中小企業の「組合的結束」という手法は戦前期に産業統制手段として用いられていたが,これにより大規模な取引先に対抗させようとする発想は,1947年に制定された独占禁止法第24条(現行第22条)において規定された,一定の条件を満たした中小企業の事業者団体によるカルテル等の行為を独占禁止法の適用除外とする制度として実現することとなる。

4. 小　括

　本章では,戦前期の買取仕入に基づく返品の実態として,百貨店・納入業者間でリスク負担がルール化された「制度化された返品」に加え,リスク負担がルール化されていない「制度化されていない返品」が行われていたことを明らかにした。この点において,高岡(1997)は,戦前期の百貨店における返品の質的な実態が「制度化された返品」であり,戦後復興期に「制度化されていない返品」に転換したと主張しているものの,本章の分析から「制度化された返品」とともに「制度化されていない返品」が行われており,戦前期と戦後復興期とで返品に同質性があったといえる。
　本章で明らかにしたことを要約する。戦前期において百貨店の経営環境の変化とこれを捉えるための百貨店の大規模化・多店舗化と品揃えの大衆化が進行したことにより,百貨店では,仕入担当者の量・質の不足と仕入資金の不足が

進行した。このため百貨店には品揃え形成の際にこれら不足を補完する必要が生じ，百貨店・納入業者間の取引において，個別に相違があるものの，納入業者が商品の所有に伴うリスクや資金を負担する機能を有する返品が普及することとなった。返品が行われた商品分野は，百貨店の品揃えが大幅に拡大した際に新たに取扱われるようになり，仕入業務を実行する人的資源不足の目立つ分野が中心であった。これに対し，納入業者のうち卸売業者は，百貨店の店舗が有する販売力やのれんを利用し，あるいは金融上のメリットを享受することができる百貨店との取引を巡って激しい競争を行っていた。この過程で卸売業者は競争手段として返品を受入れるようになり，その後の百貨店の成長や納入業者間のさらなる競争激化などもあり第2期である1930年代にかけて利用が拡大し，これに伴い返品の弊害も顕在化した。

「制度化されていない返品」を百貨店特殊指定の基準で許容されない返品と定義し，この基準に当てはめて当時の返品の実態を分析すると，同指定で許容される返品特約付買取仕入に基づく返品や納入業者の申出を理由とする事後返品といった「制度化された返品」のほか，百貨店の一方的な都合による事後返品，商品管理上のリスクを転嫁する汚損品等の返品といった「制度化されていない返品」が行われていた。また百貨店は，バイイング・パワーを利用して，返品など納入業者に不利益が生じる取引条件を強制的に受け入れさせた事例も存在していた。ここに戦前期と戦後復興期とで返品に同質性があったことは明らかである。さらに，戦前期には，返品の導入により百貨店のMD力が衰退するなど百貨店経営に対し悪影響をもたらすという指摘が既に行われていたほか，返品の弊害を解消するために百貨店・卸売業者双方の努力に加え，制度的な解決を求める見解も出されていた。

注
1 納入業者に有責性のある債務不履行，瑕疵担保責任に基づく契約解除では，民法第540条の規定により百貨店が納入業者に対し一方的に意思表示することによって解除することが可能である。
2 百貨店特殊指定制定時（1954年）の解釈ではなく，やや事後的ではあるが，公正取引委員会が1980年代に公表した「不当な返品に関する独占禁止法上の考え方」（1987年4月21日）において百貨店特殊指定に基づき規制される返品の解釈として説明されている。
3 この点，返品特約付買取仕入を完全買取仕入と比較すると，前者において百貨店のマージン率が低く，納入業者のマージン率が高くなるのは，納入業者が返品により生じる負担を計算して納入価格に反映していることに基づいている。これに対し，納入価格への反映が上手くいかず，返品条件

を付しても百貨店のマージン率が低下しない場合は，百貨店・納入業者間の取引条件を巡る合意に何らかの問題があると捉えられる。この問題のひとつが百貨店による優越的地位を利用した返品条件の強制である。
4　T・A・M（1935），p. 124。
5　久冨（1934），pp. 94-95。
6　上野（1933），p. 33。
7　平井（1938），p. 239。
8　土屋（1955），pp. 267-268。
9　大丸二百五十年史編集委員会（1967），p. 563。
10　実業の世界編集部（1934），p. 114。
11　公正取引委員会事務局調査部（1952），p. 52（原出は『デパート新聞』1950年7月25日）。
12　例えば上野（1933），p. 33，および久冨（1934），pp. 94-95が挙げられる。
13　T・A・M（1935），p. 124。
14　戦前期に限らず，百貨店にも規模の格差が存在する。戦前期における大手の百貨店は，東京では三越，松坂屋，松屋，白木屋，髙島屋，大阪では大丸，十合，阪急，三越・髙島屋の支店，さらに名古屋の松坂屋，横浜の野澤屋が該当するとし，坪数においては数千坪以上，資本金においては2～3百万円以上とし，それ以下は小百貨店に該当すると説明する文献がある（上原，1934：41）。小百貨店は，「日用品売場程度のもので自ら百貨店の名を冠しているものもあ」り，これらは「小さい建物で，少ない資本で」大百貨店の模倣をして経営に失敗していると評している（上原，1934：41-42）。このように，百貨店と自ら名乗っている小売業者であっても規模の格差が存在し，経営資源の保有状況も異なることに留意する必要がある。
15　久冨（1934），p. 94。
16　平井（1933），pp. 15-16。
17　返品制の導入・拡大要因を卸売業者間の競争激化と卸売業者による競争手段としての利用に求める文献は多く，例えば「百貨店の勢力が段々大きくなり問屋が弱腰となり，それに問屋側では激しい売込競争中で，百貨店へ毎日お百度を踏んで買込んで貰うという」という状況で返品を受け入れ，これが「一軒がいい出せば他もこれに倣わざるを得」なくなり返品制が拡大したと指摘されている（平井，1933：15）。また，別の文献では，「百貨店の勢力伸長，経済界一般の拡大に伴い，必然商品生産者と卸売商は続出し，此等の卸売商側が商品捌口を大手筋たる百貨店側に求めるに至り競争は更に激化するに至った訳である」と指摘している（T・A・M，1935：125）。
18　久冨（1934），pp. 93-98。
19　このことを示す文献として，百貨店は「仕入商品の値段並に納入条件を極度に良化せしめ，納入者側は反対に条件を悪化するに至る。百貨店対問屋間の取引商品に『返品問題』の重要視せられるに至る所以」であると指摘するものがある（T・A・M，1935：125）。
20　本書では，返品以外の取引条件については紙面の関係で詳説しないが，現在，優越的地位の濫用として問題になっている行為の戦前期の実態を概観する。手伝い店員の派遣については，百貨店の特売の際に卸売業者が労力的援助を行っており（村本，1937：358），あるいは「問屋の番頭自身が百貨店の店員のマークをつけて売場に立って居る事さえある」と指摘されている（平井，1938：240）。別の文献（今川，1936：130）では手伝い店員の派遣について詳細に説明しており，「売場の応援」について「主として化粧品売場と雑貨売場」が多く，「多いところは三四人も毎日応援して」おり，「自分の店の商品を少しでも多く売る事に努力して居る」と記述している。これらに加えて，百貨店従業員の欠勤時の穴埋め，中元・歳暮等の応援なども手伝い店員が担っており，「店

員マークと異なった色のマークを付けて居る人が各売場に必ず一人や二人は」おり，これが納入業者の手伝い店員であると指摘されている。協賛金等の提供については，「宣伝費或は景品売出し等如何なる名目にもせよ，問屋より規定契約条件以外の供用を行うべきものではない」と指摘されている（T・A・M，1935：126）。前出の文献（今川，1936：129-130）では，協賛金の負担について「色々の催物で各売場で特別の装飾や宣伝をする場合の経費」や「増築とか或は売場の拡張の時など，陳列台やケースの寄附を仰付ける」などの行為が行われていたことが指摘されている。協賛金の提供以外にも，ある卸売業者では，商品の包装，化粧箱の提供，レッテル・値札の貼付，印刷物の提供など「一軒の百貨店だけで優に二百種を越え，仮に五軒の百貨店との取引に備えるこの種のものだけで，一室を占領して仕舞う」状況であったこと，廉売用商品の特価提供などが行われていることが説明されている。

21　東京市社会局（1937），pp. 28-29。
22　久冨（1934），pp. 96-97。
23　例えば，流行品を扱う卸売業者は「売残り品が得意先から返品されて来ると，ステネ同様でなければスグは売れず，ウツカリしていると，ツブシにもならなくなる事が多い」と指摘されている（上野，1933：32）。この指摘から，卸売業者が返品されてきた商品の処理に苦慮していた状況がうかがえる。
24　T・A・M（1935），p. 126。同様に，百貨店による製造業者に対する原価割れの廉売用商品の納入強要に対し，製造業者は「倒底（原文ママ）その値段で出来よう道理がないから結局品物の方で入り合わせをつけ」ていると指摘されている（竜池，1930：105）。
25　ただし，第5章で後述するとおり，呉服であっても流行性の高い商品は委託仕入が用いられていたとの見解もあり，おそらく百貨店間で利用される仕入形態に相違があったと思われる。また，1934年当時の百貨店における織物の仕入割合として，大衆向商品（実用品）50％，趣味流行品（陳列品）20％，格安廉売品（廉売品）30％と説明されており（中村，1934：21），それぞれの商品種別によっても利用される仕入形態に相違があったと思われる。
26　平井（1938），pp. 238-239。
27　久冨（1934），p. 94。
28　久冨（1934），pp. 94-95。
29　この際の支払の処理は，百貨店が商品の仕入の手続を取った後，仕入代金の「支払いをすます，しかし返品はする，それだけはこのつぎの支払の時に差引く」と説明されており（上野，1933：350），ここから継続的な取引関係に基づき，恒常的に発生する仕入代金と返品による返戻金とが相殺処理されていたことが分かる。
30　平井（1938），p. 238。
31　上野（1933），pp. 42-43。
32　平井（1938），pp. 239-240。
33　上野（1933），pp. 34-42。
34　別の文献でも，百貨店が「一旦買取った商品を，色々の口実を設けて問屋に返品する，時には癖物を，時には係員の責任転嫁の為に甚しきは時に，係員の御機嫌の斜度から」といった，強制返品あるいは圧制的返品で挙げられた原因による返品が存在したことが指摘されている（久冨，1934：93）。
35　強制返品と圧制的な返品以外の返品であったとしても，百貨店特殊指定第1項に規定された例外許容に該当しない理由の返品は，当然に許容されない。
36　平井（1938），p. 239。なお，この事例は返品条件の「濫用」と記述されており，戦前期からこ

の表現が使用されていたことは興味深い。
37　上野 (1933), p. 30。
38　『中外商業新報』1937 年 5 月 6 日。
39　大丸本部調査部 (1938：56) では,東京市内の百貨店納入玩具商が,「破損玩具の無条件返品は殊に現下の材料高の折柄甚だ打撃であるとして,各百貨店の損失分担方を百貨店組合宛に陳情せり」と記述している。
40　T・A・M (1935), pp. 125-126。
41　上野 (1933), p. 30。
42　門田 (1936), p. 31。
43　竜池 (1930), p. 105。
44　百貨店による低価格での商品納入要請を受け入れる納入業者は「百貨店に対して他の注文によって利益を得るのを目的に,この注文に対しては特に薄利で,否場合によっては利益を計上せず多少の犠牲を払ってもこれが注文に応ずる場合が多々ある」と指摘されている (白石編,1930：26)。
45　今川 (1936), p. 130。
46　T・A・M (1935), p. 126。
47　今川 (1936), p. 130。
48　T・A・M (1935), p. 126。

第5章

委託仕入の利用実態

1．はじめに

　本章では，戦前期において百貨店が利用した委託仕入の実態について分析する。第1章第3節で検討したとおり，百貨店で利用されている委託仕入には，百貨店に限らず広範な商品分野で一般的に利用されている委託販売という類似する取引形態がある。委託販売は，百貨店が誕生する以前から用いられており，両者の主な違いは，受託者（百貨店）の会計処理として委託仕入が売上・仕入を総額計上するのに対し，委託販売では手数料収入を純額計上する点にある。

　百貨店の委託仕入は，一般的に利用されている委託販売を戦前期に自らの仕入取引にも利用したことが端緒と思われるものの，いつ頃から利用されていたか等不明な点も多い。また，先行研究である江尻（2003）や坪井（2013b）では，1920年代後半に白木屋の役員（後に社長）であった山田忍三が，同社の経営危機に際し「特別現金仕入」と称する仕入形態を大規模に採用し，これが委託仕入の起源であると説明している。他方で，特別現金仕入と委託仕入とが同じ仕入形態であるのかという点や，白木屋以外の百貨店で委託仕入が利用されていたのかという点は明らかにされていない。これは，買取仕入に基づく返品や委託型出店契約と同様に，戦前期における百貨店の委託仕入に関する資料が少ないことにある。岡野（2002）は戦前期の百貨店における委託仕入の利用実態について分析し，岡野（2022）は委託仕入の法的性質，会計処理の特徴などを分析している。

　本章においてこれらを基に戦前期における委託仕入の利用の端緒，実態等を

分析する。第2節では戦前期において一般的に利用されていた委託販売の利用実態と百貨店における委託仕入の端緒や利用実態，利用分野，百貨店経営層による委託仕入を利用した際に生じるメリット・デメリットの認識を検討する。第3節では白木屋の特別現金仕入の利用実態を明らかにし，とくに委託仕入との異同について明らかにする。

2．委託仕入の利用実態

2.1　一般的な委託販売の利用実態

　第1章で検討したとおり，「委託仕入」という呼称は百貨店独自のものであり，一般的には「委託販売」という呼称が用いられている。その主たる相違点は，委託販売において委託者が卸売業者，受託者が小売業者であった場合，小売業者は卸売業者から受託した商品を消費者に販売し，そこで卸売業者から得られる手数料を純額で計上する。これに対し委託仕入では，百貨店が受託者であった場合の会計処理として卸売業者からの仕入と消費者に対する売上を慣行的に総額で計上することである（第1章第3節を参照）。

　委託販売は，我が国で百貨店が誕生する以前からさまざまな商品分野において利用され，諸外国でも利用されていた一般的な取引形態である[1]。これが百貨店・納入業者間の取引に委託仕入として導入されたと考えられる。

　戦前期における一般的な委託販売の利用実態について検討すると，江戸時代には既に利用されており[2]，1899年に制定された商法には，自己の名義をもって他人の計算で物品の委託販売（受託者からみれば受託販売となる）を業として行う間接代理商として「問屋」（といや）が規定されている。委託販売の利用分野としては，1923年の文献では，「①地方の事情に通せず，②得意先を有せざるとき，③視察販売の為め，④支店又は出張所を置くに足らざる場合に於て其地の問屋を利用して商品の販売を委託する売買方法」としており[3]，製造業者・卸売業者が遠隔地で取引する際に現地の問屋を受託者として利用することが想定されている。

　他方で，卸売業者が小売業者に対する取引で利用する事例も想定されており，1919年当時の文献には[4]，少数ながら小売店の中で通常の仕入販売（買取

仕入に該当）とともに委託販売を用いるものがいるとして，その仕入組織が説明されている。この文献では，受託者である小売店の業務として「商品を仕入れるのでなし，預かるのであるから，商品保管係と云うものを要」し，商品出納係は保管係とともに「商品の出入を司るもので，日々或は時々商品出入の状態を委託者に報告しなければなら」ず，小売店は「委託者から経費を取る場合がある」ため，経費係が必要であると説明している。いずれにせよ商品の預託，販売数量の通知義務といった委託販売の特徴を有した取引が卸売業者・小売業者間で行われていた様子が分かる。

　委託販売が行われていた商品分野として，正米の売買において問屋に売却を委託する取引慣行が存在していたと指摘されている[5]。また，1911年当時の文献には[6]，委託販売業として米および雑穀，砂糖，魚介，海産物，織布類その他雑貨，木材，木炭，肥料，諸国物産を扱う業者が記載されており，この頃に幅広い商品分野で委託販売が行われていたことが分かる。さらに，1940年に発行された文献には[7]，「委託販売は工業製造品についても，農業生産物についても広く行われて」おり，「往時に於ける農産物の卸売取引は殆ど総て委託販売の方法によつて行われていた」と説明されている[8]。

　当時の委託販売における受託者の会計処理は現在と変わらないものであり，例えば1920年当時の商業簿記に関する文献によれば[9]，委託販売とは「商品を販売するに当り自ら買主を求むることなく之を他の商人に委託することあり，委託販売即ち之なり。販売の委託を受けたるものは自己の名義を以て之を売渡し，委託者に其計算を明告し，其労力に対して相当の報酬を受取るものにして，之を問屋」と説明している。この説明内容は，商法上の問屋の規定に一致したものとなっている。受託者における売上の計上方法としては，「委託品の売捌済となりたるときは約定の報酬を計算し，委託者の純手取金を明かにし，売上勘定書」で委託者に報告し，「問屋の報酬は売上高に対する一定の歩合を以て契約することあり，或は委託者の定めたる指値よりも高価に売捌きたるとき其超過額を報酬とすることあり，前者の方法に依るを普通とす」と説明し，問屋が手数料を収入として純額で計上するという現在と一致する仕訳を記載している[10]。

2.2 百貨店における委託仕入導入の端緒と拡大の経緯

　戦前期において一般的に利用されていた委託販売が，百貨店で委託仕入として利用された端緒を分析する。百貨店において委託販売を利用していたとするもっとも古い事例は，繊維品の卸売業者であった丸紅が洋反物を扱うようになり，この販売促進のために百貨店向けの取引で利用したとするものである。すなわち尾西地方で毛織物を生産するようになった際に，1903年に丸紅が毛絹半々の男物セルを仕入れ，東京の大丸呉服店に連絡し委託販売に成功したとの記述がある[11]。この記述から呉服店であった大丸は，百貨店化を開始する時期に新たに取扱い始める洋服生地である毛織物について売れ残りリスクを回避するため，丸紅は新たに取り扱うようになった商品分野における販売促進のため，それぞれ委託販売を利用したということが分かる。ただし，この取引において大丸が売上と仕入とを総額で計上していたのかは明らかになっていない。

　その後委託仕入は，買取仕入に基づく返品の拡大過程と同様に，百貨店が卸売業者を介した取引を拡大した第2期に利用が拡大したと思われる。このことは，第4章で取り上げた買取仕入に基づく返品制の記述と同様に，1930年代の文献において百貨店における委託仕入の記述が多く存在することからも分かる。

　1930年前後における委託仕入の利用拡大の一因として，百貨店の経営資源が不足する中で，卸売業者が百貨店に生じる商品の売れ残りリスクを負担するという返品と同様の機能に加え，百貨店に仕入資金の負担が生じないという金融機能を活用する必要があったことが挙げられる。例えば，委託仕入は百貨店が「商品を売場に陳列して置いて，売れた場合に其の売れただけの代金を支払い，売れない場合には返戻すると云う約束の下に仕入れる」形態と説明されている[12]。

　これに加え百貨店は，昭和恐慌期のデフレ経済の影響による商品価値の下落を回避する目的でこれを利用した点を指摘することができる。例えば，委託仕入の利用は「最近の如く，物価下落時に於て，手持商品値下りの危険を」委託者である卸売業者が負担し，受託者である百貨店が危険を「避け得る点」が重要であるとしている[13]。同様に，1932年に発行された文献によると[14]，百貨店の仕入に占めるシェアにおいて「此委託が多いと少いとは営業成績に重要な影

響を及ぼす」ものであり，不況で物価が下落している際には「手持商品の値下りの打撃を受ける」ところ「委託の多い店はそうした打撃を受けることが少いのであるから営業が割合に楽である」と説明されている。このように，昭和恐慌により物価下落の影響が深刻であった時期には，商品価値の下落による影響を百貨店ではなく卸売業者が負担する委託仕入の利点を強調する記述が行われていることが分かる。

委託仕入の利用が拡大した時期においても，売上と仕入とを総額で計上する会計処理が行われていたことを直接的に示す文献・資料はない。しかし，百貨店が仕入の一類型として認識していたことを示す「委託仕入」という呼称が当時から使われていたこと，委託仕入と類似点の多い売上仕入が総額の会計処理を行っていたこと，百貨店の総仕入額に対するシェアを算出している文献があること（後述）から，委託仕入についても総額の会計処理を行っていたものと推測することができる。

2.3 利用分野・利用目的

百貨店における委託仕入の利用分野は，これを百貨店が利用しようとした目的と密接に関係している。まず，委託仕入の利用分野を検討すると，第3章第6節（表3-16）で指摘した家具，食品，特殊商品だけでなく，幅広い商品分野で利用されていた。

1930年代に発行された各文献に記述された委託仕入の利用分野をまとめたものが表5-1であり，この表をみると商品分野としては上記に加え，高価な貴金属や呉服などにおいて利用されていた。これらの商品分野で委託仕入が用いられた理由をさらに分析すると，貴金属については「何時売れるとも見当の付かないしかも高価な」物であるためとして百貨店の仕入資金を補完する観点から説明されており[15]，家具類での利用も同様な理由と思われる。食品については「腐敗変味し易い物」であるためとして，百貨店に生じる商品の売れ残りリスク回避という観点から説明されている[16]。これらの観点での指摘は他の文献でもみられ，例えば委託仕入は「売れただけ払えばいいので，資金を固定させる憂もなく，又，売れ残り品はこれを問屋へ戻すのが通例になつているから，売残品の処分に就ての心配も損害もな」いとされている[17]。仕入資金の観点で

は，昭和恐慌期において百貨店の経営状況が悪化したことから「商品の仕入資金に手詰つて行うものもある」とされている[18]。

呉服における委託仕入の利用については，利用されていないとの記述がある一方で，「少なくて五六分，多い店は六七割」利用されているとの記述がある。この相違は，おそらく調査した百貨店の違いにより生じたものと思われる。いずれにせよ，大阪の百貨店の事例として呉服の新柄売り出しで委託仕入を利用したとの記述（後述）のほか[19]，いくつかの文献で呉服とその周辺商品での委託仕入の利用が指摘されており，規模の大小こそあれこれらの分野でも利用されていたといえる。

このような商品分野ごとの利用の指摘のほか，商品の特性による利用の指摘も行われている。これらをまとめると，季節品，流行品[20]，新商品，発明品[21]，閑散期の商品などでの利用が挙げられており，これらはいずれも商品の売れ行きの予測が立てづらく，売れ残りリスクが高いものである。例えば，委託仕入が用いられる商品は[22]，「斬新にして売行き予測し得ざるもの，季節品であってその季節の終わりに近づいた商品…要するに売残つたり変質の危険があるものに就て行われ」ていると説明されている[23]。

これらの記述から，委託仕入は規模の大小があるものの特殊商品だけでなく呉服を含め幅広い商品分野で利用されており，かつ，百貨店による委託仕入の利用目的が商品の売れ残りリスクの回避に加え，仕入資金の補完という目的で利用されていたといえる。

このほか，当時百貨店が支店のない地方で行った出張販売も委託仕入の利用を促進する一因となっていたようである。出張販売による売れ残り品は，三越で一出張後30〜50％，髙島屋で一出張後50〜70％に及び，これらのリスクを回避するため一部の商品で委託仕入が用いられていた[24]。

一方で百貨店にとって，委託仕入の利用では，商品を「売場に陳列し其売上額より僅少の手数料を取る」ことになりマージン率が低いと指摘されている[25]。また，顧客に対する商品の販売価格は，「現金で仕入れたものに較べると，金利から言つても委託販売品は高くなるのが当然で」あり，かつ，問屋は「良い品物は他の現金取引の方へ廻し委託販売の方には勢い悪い品をあてがう様になることは避け難い」と指摘されている[26]。このように，委託仕入の利用

表 5-1 委託仕入が用いられた商品分野

区分	利用分野 特性	山田 (1930：123)	ダイヤモンド社編 (1931：1145)	社会調査協会 (1931：15-16)	有賀 (1932：99-100)	栗屋 (1931：250-251)	塚本・田中 (1950：252)	百貨店新聞社編 (1934：471)
商品分野	呉服・洋服周辺商品				呉服類（少なくて五六分、多い店は六七割）		呉服の新柄売り出し	
	雑貨家庭用品		家具		家具高価な貴金属			
	食品		食品（腐敗変味し易いもの）					
	その他の商品 (特殊商品等)	特別な商品	特別な商品	特殊な商品ピアノ、蓄音機等の楽器類美術品特殊な香油		特別商品		薬品化粧品文房具
商品の特性	季節商品	季節品	季節であって季節の終わりに近づいた商品	季節品		季節商品		
	新商品		斬新にして売行きを予測し得ざるもの				呉服の新柄売り出し	
	流行品					流行品		
	その他				閑散なる時期	発明品・特許品特殊の高価品		
備考			売れ残ったり変質の危険があるもの				大阪の百貨店の事例	1934年当時の藤崎の事例

出所：各文献の記述に基づき筆者作成。

には，百貨店にとって売れ残りリスクの回避や仕入資金の不足を補完することできるというメリットに対し，マージン率の低下，顧客に対する商品の販売価格の上昇，品揃えの魅力低下につながるというデメリットがあることが当時から認識されている。

このような委託仕入の利用によるデメリットを回避するため，一部の百貨店はその利用の厳格化を図っていたようであり，1932年に発行された文献では[27]，百貨店が委託仕入を利用する際には商品の吟味を「深甚な態度で研究」して行っており，納入業者が「何でも彼んでも申込めば委託を陳列して置てやると云つた簡単なものではない」とし，価格，品質，顧客の嗜好への合致などを研究して受託を決定すると説明している。さらに，この理由は百貨店が店舗に対し行っている設備投資が巨額であり「百貨店の一坪には建築費から設備費から相当巨額の資金が寝ているのであるから売れない品を委託に受けて貴重な場所を塞げて置く訳には行か」ず，「坪当りの売上能率を高めなくては営業が成り立たないのであるから売れそうもない品を持込まれた場合は頭からお断りする」とされている。

2.4 委託仕入の量的な利用実態

委託仕入の量的な利用実態をみると，1926年に発行された文献では，「どこの百貨店に聞いても商品の八割は買取商品で，二割が委託商品と云う」と説明している[28]。1930年に発行された文献では，委託仕入の販売額は「其持込額に対して一五％内外に過ぎ」ず，また仕入額は「総仕入額に対して四％内外を普通」としており[29]，量的に見てある程度の利用の広がりがあったことが分かる。

これら仕入シェアの傾向は，1931年時点で「處が近来，各店とも委託販売品の種類が余程殖えて，其の金額も又非常に増加して来た」と説明されている[30]。このように，戦前期には委託仕入の利用抑制が奏功して買取仕入に対し小規模な利用であったものの，徐々に拡大していた様子が分かる。

また，前出の1926年および1930年の文献では，百貨店の総仕入額に対するシェアを算出している。このため，前述のとおり百貨店が会計処理として仕入を計上している，すなわち売上・仕入を総額で計上していると推測することができる。

一方で，仕入シェアは通年で一定しておらず季節で変動があったようであり，百貨店は売上が低下し売れ残りリスクが高まる閑散期に委託仕入を多用し，繁忙期には買取仕入を多用したようである[31]。この点について，「百貨店が委託を受ける場合は成る可く閑散なる時期を選ぶ，其百貨店の委託と仕入の割合は商売の忙しい時期は仕入が九割五分で委託が五分，閑散な時期は仕入が八割で委託が二割位には達する」と指摘されている[32]。このように百貨店は，商品の売れ残りリスクの高低を勘案し，リスクが低い繁忙期にはマージン率の高い買取仕入を主体とし，リスクが高い閑散期にはリスク回避の可能な委託仕入を拡大するという，季節により利用方法を変えていた実態が分かる。

　委託仕入の利用割合は，百貨店の仕入に対する主義・方針や仕入資金の潤沢さによっても相違がみられる。前出の表5-1のとおり，呉服類で「少なくて五六分多い店は六七割にも達する」とする文献があり[33]，百貨店間で利用割合に相当な差があったことが分かる。なお，高い利用割合となっている後者は当時特別現金仕入を採用していた白木屋を指すと思われる（第3節で分析する）。

　個別の百貨店ごとに委託仕入の利用実態を比較すると，例えば三越における委託仕入の推移を時系列でみると，1925年当時の記述で「以前三越は品物の仕入を委託販売にしたが「売れなければ返す」と云う頭が店員にあるので委託を廃し全部買込んだ」というものがあり[34]，この時期に委託仕入の利用が抑制されたようである。1930年当時では，「三越及び松屋等は大部分は仕入品であって委託商品と言っては見本的に置いてある位の」ものであると説明されている[35]。1932年当時では，引き続き三越は「大部分商品は買取仕入であつて委託品は少数特殊商品のみに限られ」ており，松坂屋と松屋も三越と同様に委託品が少数であるとされている[36]。

　伊勢丹は，1934年当時では営業方針上委託販売を取扱わないものの，季節商品，催事の販売品は委託になっており，松屋は買取仕入を重視して委託販売を極力避けているものの，貴重品，季節商品，その他商品回転率の低い商品には利用しているとそれぞれ説明されている[37]。松坂屋の役員であった塚本鉢三郎は，松坂屋が「終始一貫委託販売の例を知らないで，買取り主義を踏襲してきた」ために丸紅が委託販売を用いて松坂屋に商品を納入しようとした際に丸紅の専務と対立したと記述している。

このように，一部の大手の老舗百貨店では仕入方針から委託仕入の利用を季節商品等の一部の商品に抑制していたことが分かる。一方で，1941年当時で「髙島屋は委託品を多く扱う」との記述もみられ，大手の老舗百貨店においても相違があったと思われる[38]。

小規模な百貨店では，「資本の僅少は商品の薄弱となり，これを補う意味において多くの委託制度を行っているが，委託では良い商品が入る訳では無い」ことに加え，「支払いの不確実は一流問屋製造会社に相手にされず二流三流の問屋製造会社と取引することになって益々品物を低下させ，信用を薄弱にしてしまう」ものであった[39]。このように小規模な百貨店では仕入資金の不足を補うために委託仕入を活用していたものの，これが品揃えの魅力低下につながり，品揃えの貧弱さを補う有効な解決手段となり得ていなかったことが分かる。小規模な百貨店による委託仕入の利用例としては新興百貨店である美松の事例が挙げられる。1931年に日比谷で開店した同百貨店は，当初から資金難となっており委託仕入を多用した。このことについては，特別現金仕入という「白木屋と同一方法を取るものに新開店の美松がある。此委託品制度は売上による利益は一定の制限を出ず，前者（買取仕入のこと。筆者注）に比し劣るものであるが資金に恵まれない以上止むを得ない」と評価されている[40]。

2.5 納入業者からみた委託仕入の利用実態と百貨店・納入業者の関係

納入業者が委託仕入を利用した目的は，自己の商品を積極的に販売するためである。これは，自ら消費者に対し販売する術を持たない納入業者にとって，集客力を有する百貨店の売場を販路として確保することができれば，自らの商品の大きな販売促進につながるためである。この点について，納入業者は「自己の店舗に於て販売する代りに百貨店に委託販売せしむるに過ぎない」ため，「販売高の増加するのは百貨店其者の利益を増すというより委託商店（納入業者のこと。筆者注）等の利益を増すもの」であるため，「百貨店…を利用するものといわざるを得ない」と説明されている[41]。同様に，第4章の買取仕入に基づく返品の事例と同様に，百貨店との取引による自らの信用力向上などのメリットを得るために，納入業者は委託仕入を利用して百貨店との取引拡大を狙ったという点も挙げられる。

納入業者による販売促進の積極性を表すものとして，納入業者は「懇請」することで百貨店に委託仕入を条件として商品を仕入れてもらったとの記述が散見される[42]。また，前出の丸紅を含む大阪の呉服類卸売業者は百貨店に対する販売促進手段として委託販売を積極的に利用したようである。1930年代のセルの仕入れに際し，百貨店の仕入形態について東京では買取仕入が中心であったところ，「大阪の百貨店では，商品を問屋の委託販売で売る慣例が多く，呉服の如き，新柄売出しには，問屋の意に迎合して，委託を易々諾々と行つて来た同業が多い」との記述がある[43]。この記述から分かることは，第一に，東京（買取仕入を利用）と大阪（委託仕入を利用）で取引慣行の利用に地域差があることである。第二に，前述したとおりセルが時候に強く支配される商品であり売れる期間が極めて短いことから百貨店が仕入を躊躇するため，卸売業者が季節商品の販売促進手段として委託仕入を積極的に利用したことである。

　しかし，納入業者にとっての買取仕入と委託仕入との利用を比較すると，百貨店が「大資本による大量的仕込み或は大量委託によつて，中・小業者の製品を最も有利な条件で（すなわち最も安く）買付け或は受託し得る」ため，「委託販売によらざる商品は値切り倒すにいいだけ値切つて買付け得るばかりでなく，多くは委託販売制度によつて売残りを生産者に返品することが出来る」ものであった[44]。ここに納入業者は，買取仕入を受け入れて自らのマージン率低下を甘受するか，委託仕入を受け入れて売れ残りリスクを甘受するか，二者択一の選択を迫られたことが分かる。このように，納入業者にとって委託仕入の利用は必ずしも有利なだけでなかった点に留意する必要がある。

　売れ残った委託品の処理について，1932年の文献では[45]，納入業者からして「百貨店が委託を引受けた商品ならば大抵売れるからよくしたものである，一旦委託仕入の伝票を発行して陳列した商品ならば大部分売れて終う，売残りは殆どない，あっても極めて少く半分の残品を出すなどと云うことは滅多にない，七分通りは売り捌けるものである」としている。また，売れ残り商品の処理方法としては，「製造元或は問屋にしてもそれを引取って見た處が別に捌け口でもない以上処分に困るから百貨店に買取って貰うべく交渉」し，百貨店は「ウンと安く値切つて買取」り，百貨店側では廉売用商品となり，納入業者側では「原価が安いだけに却つて儲かる場合もあるのであつて転んでも只では起

きない」とされている。

　百貨店・納入業者の関係として，1930年の文献では[46]，納入業者が百貨店に商品を委託して販売する理由は，「百貨店が種々なる点に於て估客を吸集する力が多いから之を利用するを利益とするから」であり，百貨店にとっても「其の委託する商店なり生産会社なりが信用を置くことが出来るものであるならば相当の手数料を受けて其の商品等を委託せられて販売しても百貨店にとりて何等の不利益を招く憂がないのみならず，手数料を得，更に其の販売高の増加につれて，実質的にも利益を受くることが出来る」と指摘されている。この指摘からも分かるように，百貨店・納入業者とも委託仕入を利用することにはデメリットがあるものの，この利用により百貨店は納入業者が有する売れ残りリスクや資金の負担機能に依存し，納入業者は百貨店の店舗，のれん，顧客網などの経営資源を利用して自らの在庫商品の販売促進につなげるという，両者間に相互依存関係が成立していたことが分かる。

2.6　百貨店経営者による委託仕入の評価

　前項までで検討したとおり，百貨店にとって委託仕入は，商品の売れ残りリスクや仕入資金の負担を回避するために有効な手段であったものの，この利用により品揃えの魅力低下や自社のMD力の低下といったデメリットが生じることが当時から認識されていた。戦後復興期以降徐々に拡大した委託仕入が戦前期に拡大しなかったのは，おそらく当時の経営層がこうしたデメリットを十分に認識し，利用を抑制していたためと思われる[47]。そこで，当時の文献において委託仕入のメリット・デメリットを指摘した百貨店経営層2名の見解を分析する。

　(1)　北田（1931）による委託仕入の評価
　後に三越の社長となる北田内蔵司が常務在任中の1931年に記述した文献には[48]，百貨店が委託仕入を利用するメリット・デメリットが詳述されている。メリットとしては，品揃えの充実，仕入係のMD力の低さによる売れ残りの回避，仕入資金が不要という3点を挙げており，商品の売れ残りリスクの回避と仕入資金の負担という委託仕入の特徴に沿った評価が行われている。これに

対しデメリットは，多岐にわたる内容が指摘されている。これを大きく分類すると，①商品に対するコントロールの低下[49]，②百貨店の従業員の質の低下・能力の必要性[50]，③利益額の低下[51]，④委託に対応するための負担の増大などが挙げられている[52]。

とくに①に対する危惧が強かったようであり，百貨店間の競争が激しく，「良品廉売をモットーとして経営すべき時には有利な仕入方法とは云え」ず，資金の豊富な百貨店は，安価に商品を仕入れることが可能な買取仕入を利用し，「特殊の商品にして販売に確信のないもののみ若干の委託仕入をするのが商品の充実を図る意味に於て」重要としている。このように戦前期から委託仕入を多用することは，百貨店による商品の価格・品質のコントロールを低下させる，あるいは従業員の質を低下させるという経営上の問題点が百貨店の経営層にも認識されていたことが見て取れる。

(2) 山田（1930）による委託仕入の評価

後に白木屋の社長となる山田忍三が専務在任中の1930年に記述した文献には，委託仕入に類似する仕入形態である特別現金仕入（第3節で分析する）のメリット・デメリットが詳細に記述されている[53]。百貨店がこれを利用するメリットとしては，品揃えの充実，商品の売れ残りリスクの回避，仕入資金が不要で資本を固定しない，仕入係の能力が損失につながらないといった点を挙げている。これに対しデメリットとしては[54]，大きく分類すると①商品に対するコントロールの低下[55]，②従業員の能力の必要性[56]，③委託に対応するための負担の増大といった点を挙げている[57]。これらのメリット・デメリットの認識は，北田（1931）とほぼ一致しており，当時の百貨店経営層における共通認識であったといえる。

山田は，これらの認識に基づき特別現金仕入は日用必需品の販売では弊害が極めて少ないものの，投売品など廉売用商品や産地からの直接大量仕入に不向きであると指摘されている。その上で山田は，特別現金仕入のメリットで得られる利益は「内的利益若しくは消極的利益」と見なすべきものであり，他店との競争上有力な方法とはいえないと説明している。

さらに山田は，特別現金仕入を利用した際の納入業者のメリット・デメリッ

トも指摘している。メリットとしては，普通仕入（買取仕入）に比べ，資金繰り上有利であること（後述），不況時に商品回転を図る場合は有利であること，信用が固まっていない新興問屋にとって市場拡張に有利であること，処分品の販路となることを挙げている。デメリットとしては，商品を納入しても納品額全部に対して支払いを受けられないこと，売れなければ返品されること，汚損品の返品や時期遅れ商品の返品があり，これらを迅速な処理ができないこと，取引に手数がかかること，次々に納品される商品の棚卸が不完全であり，商品の在庫・販売数量が明確に分からないため問屋の経営方針に齟齬を生じることを挙げている。

　山田は，これらのメリット・デメリットを認識した上で，白木屋への特別現金仕入の導入を行い，短期的には同社の経営改善に大きな成果を上げることとなった。一方で，山田がデメリットとして認識していた事項も併せて顕在化し，最終的には利用が縮小される結果となった。これらの詳細は第3節で分析する。

3．委託仕入の利用例：白木屋の事例

3.1　山田忍三の白木屋入社と特別現金仕入の導入

　戦前期に百貨店が特別現金仕入と称する委託仕入に類似する方法により資金不足を補完した実例として，白木屋の事例が挙げられる。先行研究ではこの仕入が委託仕入あるいは返品制の端緒とするものがあるものの，本書では第4章および本章で端緒をさらに遡ることが可能であることを明らかにした。他方で，特別現金仕入という仕入形態が当時の大手百貨店である白木屋において大規模に採用されたことは事実であり，かつ，この仕入形態の詳細は不明な点が多い。そこで以下において特別現金仕入について，白木屋が導入した経緯と利用実態，委託仕入との相違点を分析する。

　白木屋は，1662年に初代大村彦太郎が日本橋に開業した小間物屋から発展し，東京の日本橋に本店を構え，1919年には株式会社に改組して取扱商品を拡大し近代的な百貨店へと転換を図っていた。当時の白木屋は三越と並んで一流百貨店という評価を得ていたものの，1923年の関東大震災で日本橋本店が

焼失した。震災の復興時にはバラック立ての仮店舗を開設して営業を再開したものの，得意先の多かった下町の被害が大きく営業は困難を極め，運転資金が切迫することとなった。さらに震災復興時における区画整理の遅れから本店の建替えが進まず，経営は大きく行き詰まることとなった[58]。

このような状況の下1927年に前出の山田忍三が営業本部長として入社し，ついで専務に昇格し，白木屋再建に取組むこととなった[59]。山田は着任早々，仕入面において特別現金仕入を大々的に採用した。

3.2　特別現金仕入の実態および委託仕入との相違

山田が導入した特別現金仕入の詳細を時系列で分析する。白木屋（1957：400）の記述によれば，1927年に「白木屋の営業方針の転換を示すものは商品の委託販売の大々的な活用であ」り，販売不振による呉服・雑貨での買取仕入が「自然滞貨の過重を生み，ややもすればこれが経営の致命的欠陥となることが多かった」状態を解消するために導入された。この「委託販売」の導入に伴い，1927年4月8日に問屋出入規定が新たに設けられた。この規定は「白木屋売場で商品を販売するための本人または使用人は，白木屋店員と同様の店規慣例を守り，商品所在の売場店員の指揮監督に従い，商品にキズがあつたり，また顧客に不満足を与えた場合は，委託商品主が全責任を負う」というものであった。この記述からは，「委託販売」が特別現金仕入であったのか判然としない。同書の別の箇所では，山田が営業部長に着任早々，「特別現金仕入の名による委託販売の方法を採用した」と記述されているので，「委託販売」は特別現金仕入とみてよいであろう[60]。また，特別現金仕入において納入業者から店員が派遣されていたとの記述から，高度経済成長期以降アパレル分野において普及した「委託取引」（委託仕入と派遣店員とを併用したもの）に類似した取引が，戦前期には既に行われていたことが分かる。

特別現金仕入における商品代金の支払方法の説明として，一般商品について「毎月二十日特別仕入品棚卸を施行して，その販売額を調べ，それに対して，月末に現金にて支払う」という方式であったとされる[61]。また，同書の別の箇所では「普通仕入は毎月仕入額を合計し，三十日延払いの約束手形で支払うに対し，特別現金仕入は，その売上額だけ現金で支払うものである」と説明され

ている[62]。この記述から，特別現金仕入の支払方法は，買取仕入（普通仕入）に比べ手形を用いず現金であるという特徴があるものの，販売額を確定するために月1回の棚卸が行われるなど通常の委託仕入との相違は読み取れない。

一方で特別現金仕入に関する山田の説明によれば[63]，これは「一種の現金仕入であ」り，「仕入商品ごとに基本利回りを明示して其低下を防ぎ，仕入と同時に商品代金の見込払いを為し，毎月二十日特別現金仕入の棚卸を施行して其販売額を調べ夫れに対して改めて精算を為す」方法であると説明している。また，「売れない商品は何時でも，問屋に返戻する事を得る条件付仕入取引」であり，白木屋は「売残り品に対して，責任を負は」ずに，問屋にとっても「商品の回転が増大するのみならず」，通常60日手形払いの「手形仕入に比し金繰り上著しく有利」であり，両者にメリットの有る取引方法だとしている。この記述から読み取れる特別現金仕入の特徴としては，①商品ごとに基本的な利益率（マージン率）を設定して利益率低下を防止しようとしていること，②納入業者に対し仕入と同時に現金による「見込み払い」を行い後日販売高に対し精算を行うことの2点が挙げられる。①については，百貨店にとって買取仕入に対し委託仕入のマージン率が低率であり，これを極力回避することを目的として行われている。しかし，納入業者に商品の売れ残りリスクの負担や百貨店の仕入資金に対する金融上の負担がある限り，白木屋のマージン率低下は本質的に避けられない。そこで取られた方式が，納入業者の金融上の負担を緩和する②の現金による「見込み払い」であったといえる。

「見込み払い」についてさらに詳しく検討すると，前出の「現金仕入」という記述があること，納入業者が特別現金仕入を採用すると「商品を納入しても，納入品全部に対して支払を受ける事が出来ない」といった記述があることから，これは商品ごとに販売が実現する金額の予測を立て，売れると見込まれる商品の分だけ仕入代金を現金で支払っていたと思われる。このように考えると，白木屋による仕入資金の負担からみると，特別現金仕入は返品特約付買取仕入と委託仕入の中間にある仕入形態ということができる。

「見込み払い」に関する支払フローの解釈として別の文献によると，特別現金仕入における商品代金の支払方法は，①納入業者の持込商品の総額を基礎として現金で内払いを行う，②月々の持込商品の1日当たりの平均売上を算定

し，これに支払日までの日数を乗じ，暫定売上高をみてこれに対し現金で支払いを行う，③特定の日に棚卸をして持込数量と棚卸数量との差額をその期間の売上数量とみなし，これに対し現金で支払いを行うという3種類があった[64]。この説明をみると，①は買取仕入に類似する支払方法であり，③は通常の委託仕入と同一の支払方法である。また，①および②は計算方法が違うものの納入時に見込み払いを行い後日精算する方式となっている。いずれにせよ①から③までのすべてにおいて，仕入代金を手形で支払わずに現金で支払うということは，手形払いに比べ納入業者が金融上のメリットを享受するものとなる。このように支払方法が多様であったことを勘案すると，特別現金仕入と称しても，その態様は商品分野ごとや納入業者ごとに一様ではなく，多様性・個別性があったと思われる。

　一方で，特別現金仕入の採用に伴い，委託仕入のデメリットとして指摘されていた百貨店の仕入担当者の能力低下や商品の品質低下といった問題が顕在化する可能性がある。このことは，前出のとおり山田自身が認識していたことである。白木屋は，この対策として手持商品の処分を目的として売場ごとに基本的手持商品高および利回り・回転率を算出して基準を明確化し，売上・仕入予算設定を行い仕入業務に対する計数管理を強化した。さらに，組織体制として仕入権限を営業部長に持たせ，この監督下に各課長が仕入助役を指揮して仕入事務を行った。日々の仕入手続きは仕入請求回議箋という稟議式の伝票を用い，販売実績に応じた発注を行うように改めた[65]。

3.3　特別現金仕入の成果と廃止

　1927年春から実施した特別現金仕入の導入により，この仕入の仕入総額に対する比率は1926年度の上半期4.7％，下半期3.5％，年間4.0％だったものが，1927年度には上半期21.9％，下半期70.8％，年間48.5％にまで拡大した。また，両年度の売上高を比較すると，上半期23.6％減，下半期13.6％減，年間18.5％減となっている。仕入総額は年間18.5％減，普通仕入高56.2％減となっており，手持商品高は約半減することとなった[66]。

　こうして特別現金仕入は，白木屋の資金不足より生じた経営危機を一時的に回避する役割を果たした。納入業者にとっても白木屋の特別現金仕入は「問屋

筋も亦其趣旨を賛成し，特別現金仕入は漸次増加したのである」と評され，白木屋の更生を願う一流問屋の協力もあって導入当初は歓迎された。しかし，従来買取仕入で商品を納入していた問屋にとって，納入商品の一部に対し納入時の現金払いがあるとしても，売れ残り品の返戻は「問屋の金繰りを不円滑にするもので，問屋にとっては甚だ有難くない」ものであった[67]。この点，納入業者にとって現金払いを受けるメリットより，商品の売れ残りリスクの顕在化というデメリットが上回る状況であったと思われる。

特別現金仕入に関する当時の評判として「此方法は問屋に売場を提供して…販売の方は手前共で馬力をかけますから問屋さんのあなたの方では良品をできるだけ勉強して下さい」と言いながら品物や価格に対して白木屋が要求するものであったと評されている[68]。つまり，江尻（2003）が，返品制の下で顧客に対する価格決定や商品の販売量を決める供給調節の主導権を巡り，百貨店・納入業者間で紛争が生じると指摘したとおり，白木屋・納入業者間で紛争が生じ得るものであった。

これらの結果，一流問屋は徐々に委託に応じなくなり，一部の二流・三流問屋のみが売れ残り品を委託に出すという結果となった。別の文献では，中小問屋のほか，関東大震災後に関西から東京に進出し，あるいは店舗を拡張した丸紅，渡辺郁，金桝などの有名京呉服問屋が東京の百貨店への地盤拡大を狙っていたため，白木屋に対する特別現金仕入に応ずるような傾向があったと説明されている[69]。

このため前述した仕入手続きの厳格化にもかかわらず白木屋が販売する商品の品質は悪化した。とくに呉服に関してはその弊害が大きく，「白木屋は安物」の評判が売れ行きにも影響した。さらに，仕入係および販売係の能力低下と責任感の喪失というデメリットが顕在化し，特別現金仕入に対し白木屋内部でも批判が高まることとなった[70]。このため1928年の新館落成時には高級呉服から特別現金仕入の廃止が行われ，1933年には食品を除いてすべて廃止されることとなった[71]。

3.4　特別現金仕入の評価

白木屋による特別現金仕入を総括すると，白木屋にもたらしたメリットとし

て商品在庫を抑制し，仕入資金の不足を克服するための効果を有していたことが重要である。これにより白木屋は在庫高を抑制しつつ，百貨店としての品揃えの幅と奥行の深さを維持することに成功している。一方で，デメリットとして，安易に売れ残り商品を返戻することが可能であることにより白木屋の仕入・販売双方のMD力衰退を招き，かつ，納入業者が商品納入を敬遠して良質な商品が委託されなくなったことにより納入商品の品質低下を招いた。これらのデメリットは，百貨店における重要な経営資源であるのれんを低下させることにつながった。

納入業者からみると，委託仕入や手形払いを利用する買取仕入よりも，部分的であるとはいえ早期に現金収入が得られたことや，中小規模の納入業者や関東進出を目指す関西の納入業者は，白木屋への商品納入の際の販売促進手段として利用可能であったことなどがメリットとして挙げられる。一方で商品の売れ残りのリスクを全面的に負担することにより，納入業者の資金繰りはかえって悪化し，大手の納入業者が白木屋との取引を敬遠する傾向が強まる結果となった。

このように戦前における委託仕入の代表例とされている白木屋の特別現金仕入は，同社の資金不足を補完する目的を達成したものの，極度の利用拡大による人的資源の衰退と，垂直関係における納入業者との摩擦を生み早々に縮小された。その後特別現金仕入は，白木屋以外では小規模に採用されるにとどまった。

白木屋の特別現金仕入の事例は，戦後復興期から現在に至るまでの百貨店が内包する返品制による経営上の悪影響が戦前期にも発生していたことをよく示しているといえよう。他方で白木屋が弊害の多い特別現金仕入の利用を短期間で縮小することができたのは，山田忍三をはじめとする同社の経営層に自社のMD力衰退と品揃えの魅力低下といったデメリットに対する危機感があったためといえる。

4．小　括

本章では，百貨店が戦前期から委託仕入を利用していたことを明らかにし

た。本章の分析結果をまとめると，委託仕入は一般的な商取引において委託販売として，百貨店が誕生する以前から広く利用されている仕入形態であり，これが自然に百貨店と納入業者との取引にも広がった。委託販売と異なる委託仕入の特徴は，売上と仕入とを総額で計上する会計処理が行われることである。この処理が戦前期から行われたことを直接的に記述した資料はないものの，当時の資料から推測すると，委託仕入についても総額の会計処理を行っていたものと思われる。

　百貨店における委託仕入の普及は第2期，とくに昭和恐慌期に拡大した。委託仕入が利用された商品分野として，商品の売れ残りリスクが高い特殊商品や季節商品を挙げる資料が多い。雑貨，家庭用品等でも商品の売れ残りリスクが高い前年度の実績を超える部分や，高額品，百貨店の購買顧客数が少ない閑散期などに委託仕入が利用されており，幅広い分野での利用がみられた。委託仕入の量的な利用は，仕入シェアの4％や2割と記述した資料があり，百貨店の仕入形態の中である程度の広がりがあったことがうかがえる。一方で買取仕入の返品と同様に，当時の百貨店の経営層は委託仕入の多用が品揃えの質の低下を招き，ひいては百貨店のMD力を衰退させるなど百貨店経営に対し悪影響をもたらすことを指摘しており，とくに大手の百貨店では，利用を抑制していた場合が多かった。このような委託仕入の下では，百貨店は納入業者のリスク・資金の負担機能を利用し，納入業者は在庫商品の販売促進のために百貨店の店舗，のれん，顧客網などの経営資源を利用するという互恵的な相互依存関係が成立していた。

　戦前期における委託仕入の利用例として指摘されている白木屋の特別現金仕入についてみると，商品の所有権を納入業者が有し，売れ残りリスクを納入業者が負担するなど委託仕入の特徴を有しているものの，納入業者の資金繰りを悪化させないように仕入代金の見込み払いを行っている点が委託仕入と異なっており，返品特約付買取仕入との中間にある仕入形態と捉えることができる。特別現金仕入は，一時白木屋の仕入シェアの7割程度まで拡大したものの，前述したとおり当時の専務であった山田忍三が経営上の悪影響を懸念して利用を取りやめることとなった。この事例からも，当時から委託仕入が百貨店の経営に悪影響をもたらすと認識されて利用が抑制されていたことが明らかである。

最後に委託仕入に関して重要な点を指摘すると，第一に，返品特約付買取仕入や売上仕入に較べ述されている文献が多く，かなり広範に百貨店が利用していた仕入形態であったことが分かる。第二に，多くの文献で委託仕入による商品の売れ残りリスクの回避効果や資金面での有効性が認められているものの，反作用として百貨店において販売・仕入を行う人的な能力衰退につながると指摘されており，現在指摘されている委託仕入の問題認識との一致を見出すことができよう。当時の百貨店の担当者も「委託商品等を置いたのでは商売にならぬ計りでなく店貸しも同様であるから自然品物にも注意が届かず，従って店の信用を害する結果にもなるから，委託商品等」の取扱いは一部にとどまっているとしていて同様の見解を示している[72]。これらのことを考え合わせると，戦前期には委託仕入の利用が拡大せず，一方で戦後復興期以降1980年代にかけて委託仕入の利用が拡大したことは，経営層による委託仕入に係るリスク認識の相違だけであったのか，さらに分析する必要がある。

注
1 例えば英米法ではconsignment salesと称し，アメリカでは統一商法典（UCC §2-326）に規定されている。
2 江戸期の商品の仕入方法としては「送り込み」がある。これには荷主・船持・船頭が見計らいで商品を送り，問屋が販売を委託される「送り荷」と，問屋が市場動向をみて産地荷主に注文を発する「仕入荷」があり，後者においても委託商品となっている場合が多かったと指摘されている（宮本ほか，2007：75-76）。
3 浦添（1923），p. 265。
4 清水（1919），pp. 65-66。
5 瀧本・向井編（1927），p. 150以下。
6 大阪商業会議所編（1911），pp. 829-841。
7 福田・本田（1940），pp. 1-3。
8 現在においても生鮮食品等を扱う卸売市場においては，生鮮食品等の出荷者が市場内の卸売業者を受託者として委託販売を依頼する「委託集荷」が大規模に行われている。
9 兒林（1920），p. 294。なお，現在においても委託販売の会計処理は商業簿記の概説書に必ず記載されているところ，戦前期においても多くの商業簿記の概説書に記載されており，このことからも戦前期から一般的な取引形態であったことが分かる。
10 兒林（1920），pp. 305-311。
11 丸紅社史編纂室編（1977），p. 45。同じく，明治晩年の呉服店であった頃の髙島屋では，「その当時は今日のように「天利扱い」（委託品）は皆無に等しく全部が買取り品なので，そのために商品の見分けは実に真剣そのものであり，また商品に対する愛情の心は全く親子の間柄みたようなものであった」との記述がある（髙島屋135年史編集委員会，1968：334）。
12 北田（1931），p. 134。

13　ダイヤモンド社編（1931），pp. 1145-1146。
14　有賀（1932），p. 100。
15　同上。別の文献では，委託仕入が高価品に用いられるのは，仕入資金による制約があるため，需要があっても仕入を手控えなければならないことによると説明している（栗屋，1931：251-252）。
16　ダイヤモンド社編（1931），pp. 1145-1146。
17　同上。
18　同上。
19　塚本・田中（1950），pp. 252-253。
20　季節品・流行品に委託仕入が適する理由として，商品の仕入過少が売上増進に悪影響を与え，他方で仕入過大が季節遅れ・流行遅れにつながり商品の持ち越しと販路喪失につながるためと説明されている（栗屋，1931：250-251）。
21　発明品・特許品に委託仕入が適する理由として，これらは一般的な需要をもっておらず売れ行きの予想が困難な商品であり，自己仕入の危険を回避するためと説明されている（栗屋，1931：251）。
22　ダイヤモンド社編（1931），pp. 1145-1146。
23　同上。
24　堀（1937），pp. 211-212。
25　山田（1930），p. 123。
26　ダイヤモンド社編（1931），pp. 1145-1146。
27　有賀（1932），pp. 102-104。
28　大阪朝日新聞経済部（1926），p. 103。
29　山田（1930），p. 123。
30　ダイヤモンド社編（1931），pp. 1145-1146。
31　百貨店では商品分野により相違があるものの，イベントが少なく主力の衣料品の需要が落ち込む2月と8月が閑散期であり，衣料品では6月と12月が繁忙期とされ，これに加えて新生活関連の需要が高まる3月が繁忙期とされている。
32　有賀（1932），pp. 99-100。
33　有賀（1932），p. 100。
34　『東京朝日新聞』1925年6月19日（朝刊），4面。
35　東洋経済新報編集部（1930），p. 21。
36　四元（1932），p. 53。
37　実業の世界編集部（1934），pp. 112-114。
38　大丸二百五十年史編集委員会（1967），p. 390。
39　上原（1934），p. 42。
40　四元（1932），p. 53。
41　河津（1930），pp. 121-122。
42　山田（1930），p. 123，北田（1931），p. 194，およびダイヤモンド社編（1931），p. 1145。
43　塚本・田中（1950），pp. 252-253。
44　檜（1930），pp. 230-231。
45　有賀（1932），pp. 102-104。
46　河津（1930），pp. 121-122。
47　岡野（2002）および坪井（2013b）では，戦前期に白木屋で一時利用が拡大した特別現金仕入が

定着しなかった要因を白木屋の経営層による抑制に求めている。
48 北田（1931），pp. 134-138。
49 この内容の指摘として，委託者の意向に従うことによる信用・評判の低下，商品の品質低下による顧客からの苦情発生，委託者の指値尊重による販売価格の上昇，売れ行きの良い商品の確保が困難，商品不足の発生が挙げられている。
50 この内容の指摘として，百貨店従業員の不注意による委託品の破壊・汚損の増加，仕入係の技量の必要性が挙げられている。
51 この内容の指摘として，買取仕入による商品の売場面積減少が挙げられている。
52 この内容の指摘として，棚卸が煩雑であることが挙げられている。
53 山田（1930），pp. 128-129。
54 山田（1930），pp. 125-126。
55 この内容の指摘として，新しい商品，特別売れ行きがよい商品の仕入が難しいこと，品切れを生じやすいこと，高級商品の仕入が難しいこと，仕入価格が高くなることが挙げられている。
56 この内容の指摘として，仕入係による仕入の難易度が高いことが挙げられている。
57 この内容の指摘として，棚卸が煩雑であることが挙げられている。
58 白木屋（1957），pp. 370-372。
59 山田忍三は陸軍少佐から実業界に転進し，山田商会を設立して当時人気だったフォード社の販売を手がけていた。その販売方法は，当時プレミアがついていたフォード車を定価で販売する代わりに現金で代金を預り，1か月先の納車として預託された資金を仕入に活用して小額の資金で高い売上を実現するというものであった（苓衣生，1927）。
60 白木屋（1957），p. 402。
61 白木屋（1957），p. 403。
62 白木屋（1957），p. 406。
63 山田（1930），p. 124。
64 ダイヤモンド社編（1931），p. 1146。
65 白木屋（1957），p. 404。ただしこの組織は危機を乗り切るための一時的なもので，1928年には再び各係の仕入権が復活された。
66 山田（1930），p. 132。
67 白木屋（1957），p. 491。また，別の文献では，「白木屋の立場に同情して一定期限まで委託販売制度により商品を搬入した業者側も同じ日本橋で買取仕入をやっている三越との関係などから，東京の有名呉服問屋などが予約期限後からの委託取引を中止」したと説明している（小茂田，1963：136）。
68 有賀（1932），p. 99。
69 小茂田（1963），p. 136。
70 白木屋（1957），p. 492。
71 白木屋（1957），p. 492。
72 東洋経済新報編集部（1930），p. 21。

第6章

委託型出店契約の利用実態

1. はじめに

　本章では，戦前期において百貨店が利用した委託型出店契約の実態について分析する。戦前期の委託型出店契約を主要な対象とした先行研究は岡野(2021a) のほか存在せず，戦前期あるいは戦後復興期以降の文献・資料に記述が散見されるのみである。そこで本章では，戦前期における委託型出店契約3類型の利用実態について文献・資料に基づき明らかにする。具体的な内容としては，委託型出店契約が導入された経緯と利用実態，利用分野，外観上の特徴および利用上の評価をそれぞれ明らかにする。また，比較的文献・資料が存在している分野の事例分析として，商品分野では実演販売，物産展および食品の名店街での利用例を，サービス提供分野では食堂の利用例をそれぞれ取り上げ，利用実態，百貨店の利用目的等を分析する。

　本章の構成として，第2節では委託型出店契約3類型が導入された経緯，利用実態，利用分野，外観上の特徴および利用上の評価を明らかにし，第3節では商品分野における利用事例として実演販売，食品の物産展および名店街における同契約の利用実態等を明らかにする。第4節では，サービス提供分野における利用事例として食堂における同契約の利用実態等を明らかにする。以上の分析によって，戦前期の百貨店・納入業者間での委託型出店契約に関する全体像を明らかにする。

　なお，戦前期においては委託型出店契約3類型の分類が厳密に行われていたのか判然とせず，かつ，当時の文献・資料での記述では判別できない場合も多い。このため類型を特定することができない場合には，委託型出店契約という

総称を用いて検討を進める。

2．委託型出店契約の利用実態

2.1　委託型出店契約導入の端緒

　平場を主体とした売場を展開した百貨店が，委託型出店契約による納入業者の出店を利用し始めた端緒は明らかになっていない。高度経済成長期に発行された文献では，売上仕入について「食肉類や鮮魚のように，従来の商品知識や販売技能をもってしてはにわかに遂行しえない営業品目について，今日売上仕入といわれる形式がおのずから生まれてきたということができる」と説明している[1]。また，別の文献では，「呉服店から出発した古い百貨店が生鮮食品まで扱うようになったとき，商品知識も販売技能ももっていなかったために，このような仕入方法を考え出した」としている[2]。これらの文献から売上仕入が導入された端緒をみると，生鮮食品の取扱いに伴い，その難易度の高さからこれらを取り扱うMD力を補完するために平場の一部に導入され，時期としては生鮮食品が品揃えに追加された第一次世界大戦後であったといえる。

　これに対し，第1章第2節で検討したとおり売上仕入とは異なる特徴（例えば百貨店の会計処理において売上・仕入が総額で計上されるか否かなど）を有する販売業務委託およびケース貸も後述するとおり戦前期には既に利用されており，かつ，生鮮食品以外のさまざまな商品分野や，商品の納入取引が生じないサービス提供分野において委託型出店契約が利用されていたことを勘案すれば，さらに多様な起源があったと考えられる。

　あくまでも仮説の域を出ないものの，例えば明治期に誕生し拡大した勧工場では，繁華街に建てられた近代的な店舗における売場を区分して卸売業者や小売業者に賃貸していた。ここでは賃借人が一定の営業統制を受けながら日用雑貨，衣類などを陳列販売する方式を用いており，勧工場によっては飲食店や休憩所を設置するものもあった[3]。同様に戦前期における百貨店の「店貸し」の事例として，「丸ビルの如き大ビルヂングが，其の室を事務所，医院，美容院，商店等に賃貸しする様に，店の一部を借して店賃をとる方法」が行われていると指摘されている[4]。これら近代的な店舗・建物において商品販売・サー

ビス提供に利用するための区分賃貸の事例を参考として，百貨店が売場の一部の賃貸（ケース貸につながる）を導入した可能性がある。

同様に，呉服店が百貨店化する過程でアメリカの百貨店を視察し，その経営手法を参考にしていたことを勘案すると，アメリカの百貨店である Macy's では 1874 年にはリースド・デパートメントを利用していたようであり[5]，これらの事例を参考に「賃貸売場」（ケース貸につながる）を導入した可能性もある[6]。なお，戦前期においてリースド・デパートメントの実態は，当時の文献によって我が国に紹介されている[7]。

個別の百貨店の事例をみると，大丸の商号が大丸呉服店であった時期（1928年以前）に制作された社内資料によると[8]，「委託契約」の説明として，委託仕入と思われる記述とは別に，「商品の搬出入は凡て買先の自由に任せ毎日の売上高によって仕入伝票を作成せしめ毎月十日締切其月二十日に支払をなすものであります。此方法によるものは品減，値引等商品に生ずる損失は凡て買先の負担とします」との記述がある。この契約方法は納入業者が百貨店の店頭において商品の搬出入を自由に行うことや，百貨店が仕入伝票を利用して仕入を計上すること，品減り等の損失を納入業者が負担することなどの特徴から売上仕入に該当する。委託仕入と売上仕入との相違点は，前者では納入業者が所有する商品を百貨店が預かり百貨店の従業員が管理・販売するところ，後者では納入業者が所有権を有する商品を売場に直接搬入し，かつ，納入業者の従業員（派遣店員）が管理・販売する点である。他方で委託仕入と売上仕入とでは，売れ残りリスクを納入業者が負担する点や，百貨店の納入業者に対する仕入が顧客に対し商品を販売した時点で計上される点，この計上が売上と仕入とを総額で計上する点などが一致している。これらのことから，売上仕入が委託仕入に類似する形態として捉えられていたとすると（第１章第３節を参照）[9]，委託仕入において納入業者が従業員を徐々に百貨店の店頭に派遣するようになり[10]，ここから派生して売上仕入という形態として用いられるようになった可能性もあると思われる。

これらに加え，実際の委託型出店契約の利用状況を当時の文献からみると，サービス提供分野のうち百貨店化を開始した直後から百貨店に導入された食堂は，第１期には規模がさほど大きくなかったため百貨店にとって重要性が低

かった。このため百貨店は，調理など食堂運営に関する技術等を有していなかった導入当初において「委託」・「請負」（販売業務委託）を利用して食堂を導入していた（戦前期の百貨店の食堂における委託型出店契約の利用実態は第4節で分析する）。

これら委託型出店契約を導入した端緒はいずれも仮説の域を出ず，今後のさらなる検証が必要である。一方で百貨店は，品揃えを呉服やその周辺商品から衣食住全般，さらにはサービス分野に拡大するようになったことに合わせ，売場でのMD力を補完することを目的として百貨店化を開始した直後である第1期には委託型出店契約を利用し始め，品揃えやサービス提供の取扱いが大幅に拡大していくに伴い利用も拡大していったと思われる。

2.2 委託型出店契約3類型の利用実態

第3章第6節で検討したとおり（表3-16），平井（1938：238-242）では，百貨店が「売上げただけ仕入れると言う形式」，「請負制度」・「歩合制度」および「賃貸形式」を利用していたことを説明している。「売上げただけ仕入れると言う形式」は，百貨店の「店内に実質上下請の格好で」納入業者が出店する形式であり，「客に売れた場合に仕入れた格好になる」取引形式と説明されており，これは仕入形態にも分類される売上仕入に該当する。「請負制度」・「歩合制度」は売上仕入の変形と説明され，納入業者が出店する形式であり，販売業務の「請負」や「歩合」での支払いという用語を使っている点から販売業務委託に該当する[11]。

「賃貸形式」は，中小商工業者あるいは一般の業者が百貨店内に売場を借り受けて出店する形式のものである。これには2種類あり，a）「外形的には百貨店の一部として成立ち…百貨店の他の部門と同じように行われる」もの，およびb）「わざわざ其の店の名前を出す」ものの，「経営上は全部的に統制に服し，客に対しても，百貨店がわざわざ専門店，或は特殊の職人を計画的に呼んで来てあるのだと言う印象」を与えるものと説明されている（出店場所の外観上の特徴は第4節で分析する）。この出店形態は「賃貸形式」と記述されているものの，a）では外観が百貨店の一部として成立し，b）では納入業者の名前（ブランド）を掲示・表示するものの百貨店の強い営業統制に従い，かつ，

百貨店が主導した営業であるという印象を顧客に与えて営業するという特徴がそれぞれ記述されている。これらの特徴から両者とも百貨店の建物の一部を賃借して賃料を支払うという賃貸型出店契約ではなく、納入業者の営業が百貨店の営業と結合したケース貸に該当する[12]。

このように平井（1938）を分析すると、繰り返しになるが1930年代後半には委託型出店契約3類型すべてが既に利用されていたという実態がうかがえる。

2.3 委託型出店契約の一般的な利用分野とその外観

委託型出店契約が用いられた商品分野について、戦前期の文献からさらに詳細に検討すると、百貨店の「店貸し」の分野として「勿論百貨店自身が商店経営者たる以上、無闇に他の商店を入れる事はない」ものの、美容院、理髪所、歯科医室、食堂、ギャラリー、演芸場、出入口の切り花屋、靴磨所等が挙げられている[13]。また、ケース貸と思われる「賃貸売場」による出店は、食堂や美容室など特殊な部門でよく行われていると説明されている[14]。戦後復興期の文献では、戦前期にケース貸が「一流のデパートなどで、特殊の技能を必要とする営業（例えばラジオ商）など」に用いられ[15]、あるいは「特殊の営業部門につき専問（原文ママ）の業者に店内の一部を使用させて営業を営ましめ、その売上金の一部を歩合として徴収する例」があったとする記述がある[16]。

売上仕入については、第1節の導入の端緒で指摘した生鮮食品のほか、実演販売などで取り扱われる「特殊の商品」において「特殊の問屋の場合にして、範囲のせまき商品にのみ行はれる場合多く、百貨店側としては左程重視すべき仕入法とは云われない」と評されており[17]、ここでは特殊商品等での限定的な利用が指摘されている。販売業務委託については、「委託経営」によるものとして写真部、「請負制度」によるものとして食堂の事例を挙げている記述がある[18]。

個別の百貨店の事例としては、1935年当時のそごう大阪本店では特別食堂を純南仏料理の野田屋、美容室を小出政子、写真室を山沢栄子、パーラーを千疋屋に「委託」したとの記述[19]、1938年当時の京浜デパートでは古書売場、食堂のうち支那料理室、美容室、写真室、理髪室を外部の業者に「委託」し

たとの記述[20]，1934年当時の藤崎では食堂を仙台市内の料亭青葉に経営させたとの記述がそれぞれある[21]。京浜デパートは京浜電気鉄道などが出資して1933年に新設したものであり，元来百貨店の取り扱う商品分野のMD力がなかった。藤崎は仙台への三越進出に対抗する形で百貨店化を急速に進展させておりMD力が不足する分野を外部委託したとされている[22]。いずれにせよこれらの百貨店が，総じて取扱いに特殊な技術等が必要な食品や特殊商品，サービス提供分野において，社内に不足するMD力を補完するために委託型出店契約を利用して品揃えを拡大したことが分かる。

以上の利用分野をまとめると，百貨店における品揃えの拡大の過程において，百貨店は，自らMD力を蓄積していない，あるいは取扱いに特殊な技術等が必要な特殊商品・サービス提供分野や売れ残りリスクの高い生鮮食品，催事販売等で委託型出店契約を利用していたことが分かる。

委託型出店契約における出店場所の外観上の特徴をさらに検討すると，前出の平井（1938）のとおり，①外観が百貨店の一部として成立するもの（以下「一般的な利用タイプ」という）と②納入業者の名前（ブランド）を掲示・表示するもの（以下「名店街タイプ」という）の2種類に分類することができる。一般的な利用タイプにおいては，百貨店の一部として成立するような外観であり，百貨店の平場の一部分として百貨店の名義・売場名等が顧客に掲示・表示されるという特徴を有していた[23]。こうした外観上の特徴に加え，「店員の服装，販売上のサーヴィス，包装，其の他全部が百貨店の他の部門と同じ様に」実施されていると説明されている[24]。このように百貨店と一体化した外観を有することは，百貨店にとっては納入業者の品揃えを自己の品揃えとして顧客に提供することができるため，店舗全体の集客力を向上することができるというメリットを有する。納入業者にとっても百貨店の店舗，のれん，顧客網を，百貨店の平場にある直営部門と同様に直接利用することができるというメリットを有する。これらのメリットから，百貨店・納入業者は双方とも収益を向上することが可能となる。とくに，当時の納入業者の担い手が中小商工業者であり，かつ，自らのブランド力が弱かったと思われることから，このタイプの外観が委託型出店契約における一般的な事例であったといえる。

2.4　名店街タイプの委託型出店契約における利用分野とその外観

　前項で検討した一般的な利用タイプのほか，例外的な事例として，納入業者がブランド力のある有名店あるいは特殊な技術等を有している専門店・業者であった場合，納入業者のブランド等を顧客に掲示・表示して販売する名店街タイプによる出店が行われていた。そして名店街タイプの出店を百貨店の店舗の一部に集結したゾーン展開（名店街）も戦前期から行われていた。

　名店街タイプの具体例としては，「大阪の百貨店に，東京の中心商店街である所の銀座の専門店街や，京都の有名な喰物屋横丁が出来たり，神戸の百貨店に，ツーリストの為の土産物屋が出来たり，東京の百貨店に全国各府県の特産品売場が出来たりする」ものがあった[25]。この事例のうち「銀座の専門店街」では，表3-16の「わざわざ其の店の名前を出す」形式のとおり，特殊商品だけではなく多様な商品分野での出店が行われていた（詳細は第3節で分析する）。

　納入業者のブランド等を顧客に掲示・表示する形式では，百貨店にとってこのブランド等の集客力を利用することができ，また，自らの品揃えの魅力を向上することができるというメリットがある。納入業者にとっても百貨店の店舗，のれん，顧客等を利用して売上を増大することができるのは，一般的な利用タイプと変わらない。これらのことから，両者とも百貨店・納入業者双方が相互に相手方の経営資源に依存し，収益を向上するという互恵的な相互依存関係が成立していたといえる。

2.5　委託型出店契約利用による百貨店・納入業者の相互依存関係

(1)　百貨店の利用目的

　第2章第2節で検討したとおり，百貨店は品揃えを拡大して店舗の集客力を拡大する際に，不足する経営資源を補完するために委託型出店契約を導入し，納入業者は委託型出店契約の下で，百貨店の店舗，のれん，顧客網などの経営資源を利用し，ここに両者間の互恵的な相互依存関係が成立していることを指摘した。そこで本節では，百貨店・納入業者双方の委託型出店契約に関する利用目的について，当時の文献における記述からさらに分析する。

　百貨店が委託型出店契約を利用する目的には，前述した不足するMD力の

補完のみならず納入業者の有するMD力の高さなど経営資源を生かした積極的な増収策として用いるという側面があった。これは納入業者のブランド等を集客に利用する名店街タイプに限らず，例えば，売上仕入による季節商品の実演販売について，百貨店は「其の実演に要する場所及び其れに使用せられる若干の道具とを与へるのみにて，後は問屋側の者により各々適当なる方法をもつて販売を行はれるので有」り，問屋は「其の持込みたる商品の回転如何に依り今後店との取引に重大なる関係を持つもので有るから，店内は勿論店外に於ても其の店の『マーク』と共に大いに宣伝に努め成績を上げる事に努力する」と説明されている。そして「此れに依つて行はれる店の宣伝，並びに客の吸収と云う点から見て……見逃すべからざるもので有る」と説明されており，ここでは百貨店にとって費用がかからず販売促進が可能なことが指摘されている[26]。

　百貨店が委託型出店契約を利用した別の目的としては，催事販売など短期の利用において新製品をテスト導入するという側面があった。例えば，前出の実演販売における売上仕入の利用において，「其の実演の成績と，其等商品の持つ永続性とを実際に考察し今後其等の商品の仕入をなすか否かを仕入係等に命じて撰択せしむるので有る」という商品の試験導入という役割が指摘されている。この役割は，百貨店が売れ行きの不明確な新製品の売れ残りリスクを負わないために可能となるものであり，返品制が有する役割としても指摘されることがある[27]。

　以上のとおり，百貨店が委託型出店契約を利用した目的は，自らに不足するMD力を補完するという消極的なものだけでなく，商品・サービス提供の拡充や質の向上，季節商品・新製品の取扱いにより集客力を強化するという積極的な側面を有していたものもあった。

(2) 納入業者の利用目的

　前述のとおり委託型出店契約で百貨店に出店する納入業者は，卸売業者のほか，集客力の高い出店場所を求める小売業者・サービス提供者など中小商工業者が多かった。例えば，「売上げただけ仕入れると云う方式」（売上仕入）では中小商工業者あるいは問屋が百貨店の売場に出張し，「実質上下請けの格好」で出店しているものであり，その利用分野として多様な特殊商品，サービス提

供分野が指摘されている。同様に「賃貸」(ケース貸)においても,その担い手は中小商工業者あるいは一般の業者と説明されており[28],どちらの類型でも規模が中小規模である事業者の出店が指摘されている。

このような中小規模の納入業者が委託型出店契約を利用して百貨店に出店する目的としては,第一に,前述したとおり百貨店の店舗が有する集客力および百貨店ののれんを利用した直接的な売上増大のほか,百貨店と取引することによる信用向上に基づく間接的な売上増大が挙げられる。戦前期は消費財におけるナショナルブランドの信用が低い一方で,取扱商品を厳選する大手の百貨店と取引することは,とくに中小規模の納入業者にとって自らあるいは自らの取り扱う商品の信用を向上させ,ここから他の百貨店・小売業者に対する間接的な販売促進につながった。例えば,売上仕入は「平常普通仕入による取引をなせる問屋の商品には先づ行はれない。又高価なる商品に対しては不適当となされて居る」とされ,利用されるのは「信用程度未だ堅実ならず今後其の発展に其の商店の売場,暖簾等に依り商品の回転を図らねばならぬ問屋の商品に対して用いられ,然してあまり高価ならざる流行品の如き商品なるを普通とする」と説明されている[29]。この記述からは,卸売業者自体またはその取り扱う商品の信用力が高くない場合に,取扱商品の信用向上とこれに基づく販売促進のために売上仕入を利用していることが分かる。

第二に,納入業者の資金繰りに有利であることが挙げられる。この点はとくに卸売業者のメリットとして指摘されており,例えば「問屋は自己の倉庫に商品を積んでをく代りに,百貨店に渡してをく様な気持」であり「自己の倉庫に商品が眠ってをれば売れない」ものを現金化するための手段として利用していたことに加え,自己の倉庫に商品がある限り「之を担保として銀行から融通を受ける事が困難である」ため,「百貨店に売渡して百貨店の手形を受取れば,自由に割引が出来る」ものであった[30]。なお,同書では当時の百貨店手形は日本の財界において紡績手形に次いで優良と評価しており,ここから手形を割引く際の手数料率も有利であったと推測することができる[31]。

以上のように委託型出店契約の下で百貨店・納入業者相互に相手方の経営資源を利用し合う互恵的な相互依存関係が形成されることについては当時でも認識されていた。例えば,委託型出店契約により納入業者が「百貨店に寄生して

栄えることは，百貨店にとっても，また専門店にとっても非常に有利な形態」であると指摘されている[32]。

2.6 百貨店による納入業者に対する営業統制の実態

　第4項でみたとおり，戦前期における委託型出店契約の下では，一般的な関係として百貨店と中小規模の納入業者との間に規模の非対称性があり，かつ，百貨店の有する店舗，のれん，顧客網などの経営資源が優位にあったといえる。このような状況下において，百貨店が納入業者に行っていた営業統制の実態について，当時利用された契約書から分析する。

資料6-1　ケース貸契約書の事例（抄録・ラジオ売場）

　甲（現一流デパート）ト乙（ラジオ商）トノ間ニ一般通信機ラジオ増幅器，計器並ニラジオ修理ニ関シテ次ノ如キ契約ヲナス
一，甲ハ乙ニ対シ店舗並ニ什器類ヲ提供シ乙ハ販売員並ニ技術員ヲ甲ノ店舗ニ派遣シ一般通信機ラジオラジオ修理増幅器什器ノ販売ヲナスモノトシ之ニ要スル商品ハ総テ乙ニ於テ仕入搬入スルモノトス
　甲ハ乙ノ営業ニ就テ監督ノ責ニ任ズ
一，甲ハ本業総売上ニ対スル（利益率を記入・筆者注）ヲ取得シ乙ハ（原価率を記入・筆者注）ヲ取得スルモノトス
一，本業務ノ売上高ハ毎月甲ニ於テ検収ノ上之ヲ預リ十五日締切月末払，月払締切十五日払ノ月二回ニ甲ノ取得金ヲ控除ノ上乙ニ支払ウモノトス
一，本契約有効期間ハ（年を記入・筆者注）年（月を記入・筆者）月ヨリ満一ヶ年トシ期間満了1ヶ月前ニ双方異議ノ申出ナキ時ハ更ニ1ヶ年本契約ヲ継続スルモノトス
一，甲ハ乙ガ本契約ヲ違背又ハ不履行アリタル時並ニ甲ノ営業上止ムヲ得ザル事情生ジタル場合ハ本契約ヲ解約スルコトアルベシ

出所：柳川（1949），pp. 6-7。

　戦前期の百貨店・ラジオ修理業者間で用いられていたケース貸契約書の事例として，資料6-1が挙げられる。この契約書の特徴としては，「契約内容は甚だ簡単であり単なる覚書程度」のものであった[33]。委託型出店契約の基本的事項としては，前文に取り扱うサービス提供の範囲（ラジオ修理），第2項に売上金の分配割合，第5項に契約期間（1年間，自動更新特約付）が定められている。MD・費用の分担としては，第1項に百貨店の什器提供・納入業者による派遣店員の派遣・商品の仕入搬入義務が定められている。百貨店による納入業者に対する統制としては，第3項に百貨店への売上金の預託義務，第5項に

百貨店の営業上の都合および納入業者に契約違反が生じた場合の契約解除が定められている。

　他の事例として，筆者が入手した1940年当時に特殊商品の分野で利用された契約書は，資料6-1の契約書と同様に条項が6項しかない非常に簡素なものである。契約の基本的事項としては，取扱商品の範囲，売上金の分配割合，契約期間が定められている。百貨店による納入業者の営業統制としては，百貨店への売上金の預託と支払サイトが定められている。MD・費用の分担としては，販売監督員・設備什器・消耗品・配送費用の百貨店負担および商品の仕入搬入・販売費用の納入業者負担がそれぞれ定められている。リスク負担としては，納入業者による商品の残品処理の負担が定められている。

　両契約書を比較すると，第一に，取引においてもっとも基本的かつ重要な事項のみ定められている点が類似している。一方で契約条項に規定されていない事項は「慣例や紳士契約に従っているものが多い」とされており[34]，百貨店・納入業者間に委託型出店契約に関する商慣習（取引慣行）が存在しており，あるいは地位が優位である百貨店は，自らの店則，口頭ベースの指示などにより納入業者を規律していたと思われる。このように契約書によらない取引の規律付けが行われるという特徴は，委託型出店契約に限らず買取仕入・委託仕入においてもみられるものであり，しかも現在においても継続している特徴である[35]。とくに短期間の取引が多い催事販売などでは現在においても契約書が作られず，簡易な書面のやり取り，あるいは納入業者が百貨店に対し差入形式で片務的に約定する書面のみで取引が行われている事例も多い[36]。

　第二に，百貨店の取引上の地位の優位性を反映して，納入業者に一方的に約定を課す片務的な誓約書としての性質を有した内容となっている。ここから百貨店は，納入業者に対し，経営資源の相互依存関係において優位に立ち，交渉力が強かったことがうかがえる内容となっている。一方で百貨店が顧客から受領した売上金の精算は月2回行われ（通常の納入取引では月に1回），その支払いも締切日後15日後に行われている。こうした支払条件は，買取仕入に比べ納入業者の資金負担が重い委託型出店契約において中小規模の納入業者の資金繰りに配慮したものとなっている。これに加え，百貨店が什器類をすべて提供するなど，費用負担の面でも百貨店が配慮したものとなっている。これらの

配慮は，とくに常設の出店を行い長期間にわたる取引関係となる場合には，口座により厳選した優良な中小規模の納入業者と安定的な関係の構築を目指していたためと思われる。

2.7 委託型出店契約の評価

　当時の文献に記述された委託型出店契約の評価として，「賃貸売場」について[37]，今後盛んになっていく傾向があると評し，さらにこれらの利用は部門によって非常に利益がある場合と不利益が多い場合があるとしている。百貨店・納入業者双方に適している売場としては，「常に生産者と直接の取引を行わなければならない商品の部門」と「特殊な技術や知識をもつことが絶対に必要で，その修得に百貨店の如く客の数が多い方が好都合である部門」の2つが挙げられている。このうち大規模な百貨店の場合，前者は普通のことであるため，「賃貸売場」の利用は後者において百貨店が商品に関する専門的な知識を持つまでの開店当初においてのみ有利であり，食堂や理髪室のようなサービス部門のみで利用されるとしている。これに対し小規模な百貨店では経営の脆弱性から「これに根を生やす売場」としての「賃貸売場」は増えず，中規模な百貨店ではアメリカのリースド・デパートメントの事例から商品・サービス提供双方の部門で発展の余地があると評している。当時の中小規模の百貨店が有するMD力は大手の老舗百貨店に比べ相当程度低かったと思われ，これらにおいても不足するMD力を補完するために委託型出店契約が一定程度利用されており，納入業者もある程度の収益が見込めるため，出店先としてこれらの百貨店を選択していたと推測することができる[38]。前出の藤崎が品揃えの拡大期に特殊商品を委託型出店契約により導入したことがこの典型例である。

　別の文献では，ある百貨店の事例として，年末年始の子供向け商品の実演販売において売上仕入による納入業者の出店を初めて行い，臨時で設けられた売場では「実演販売による客の吸収策の好結果」として良好な売上を上げており，「今後はより研究された此等の方法により益々其の店の経営上の改善進歩を計つて行くで有ろう」と評価している。また，売上仕入を利用した実演販売による増収策は，中小小売店で行われていない手法を用いた「進歩」であると好意的に評価している[39]。一方で，委託売場制度は百貨店の販売員が販売に対

する熱意を失い顧客からの返品の原因になるとする見解もあり[40]，委託型出店契約の利用が百貨店の人的資源の質の低下につながるという問題意識が，戦前期から存在したことも分かる。

委託型出店契約に対する評価は，戦前期に委託型出店契約が特殊商品やサービス提供分野を中心に利用されており，呉服等の主力商品分野における百貨店のMD力衰退の要因になるといった負の側面が生じていなかったために好意的なものであるといえる。一方で，利用による不利益も併せて指摘され，利用に注意が必要であるとの認識が当時から存在していたことは，買取仕入に基づく返品，委託仕入の例と同様であり，かつ，先見の明があり興味深い。

3．商品分野における委託型出店契約の利用例

3.1 実演販売における利用例

本節では，具体的な商品分野における委託型出店契約の利用実態を明らかにする。商品分野は，比較的資料が存在している実演販売，食品の物産展および名店街を取り上げる。実演販売と食品の物産展は共に短期間出店する事例であり，これに対し名店街は長期間の常設という特徴がある。一方で実演販売は百貨店の売場と一体化した外観を有している場合が多いところ，食品の物産展と名店街とは，出店業者のブランド等を利用した名店街タイプに該当する。

まず，実演販売の事例について分析する。百貨店では常設の品揃えのほか，集客を目的とした短期間の催事が戦前期から行われていた。これには商品の販売を直接の目的としない集客のための催物（博覧会など）と直接商品販売を目的とする催物販売に分けられる[41]。後者では，季節商品の特集（例えば水着，スキー用品，正月用品など），新製品の紹介，実演販売，廉売（セール），全国各地の希少財の集積（物産展など）といった多様な内容が挙げられる[42]。また，これらを開催する場所は，平場の一角に設置された催事スペースや上層階に設けられた催事場などが挙げられ，これらは現在も同様に開催されている。

秋山（1933：10-12）では，百貨店が実演販売において売上仕入を利用している実態が詳細に記述されており，同文献に基づき以下で分析する。仕入の観点からみると，売上仕入は「平常普通仕入による取引をなせる問屋の商品には

先づ行われない。又高価な商品に対しては不適当となされて居る」とされている。その上で売上仕入が利用されるのは,「信用程度未だ堅実ならず今後其の発展に其の商店の売場,暖簾等に依り商品の回転を図らねばならぬ問屋の商品に対して用いられ,然してあまり高価ならざる流行品の如き商品なるを普通とする」と説明している。

　実演販売の方法については第2節第5項(1)で指摘したことの繰り返しになるが,「店は其の実演に要する場所及び其れに使用せられる若干の道具とを与へるのみにて,後は問屋側の者により各々適当なる方法をもつて販売を行はれるので有」り,問屋は「全然店の仕入部をとをさずに」,商品を販売員に持たせ実演させていると説明されている。

　百貨店側が売上仕入で実演販売を導入するメリットとしては,第一に前出のとおり納入業者を利用した販売促進効果と新製品のテスト導入が挙げられる。

　第二に,集客された顧客の買い回りによる商品回転率の向上が挙げられる。具体的には,「暗い隅の売場とか,一寸行きにくい様な所に有る売場は自然と回転率が少くなりがちで有る。此の事は百貨店経営当事者の常に苦心する所で有るが,此の不利な売場の位置を間接的に有利ならしめ,其の商品の回転率を増進せしむべき方法として此の実演販売は重大なる価値を有するものである」としている。その理由としては,「不利なる位置に有る売場の一部を改良し,其處に実演売場を設け店の内外に於て此れが宣伝に努めるので有る。世人は其の実演,新発売,等々の宣伝に対する好奇心から自然と其の不利なる売場の場所に足を向ける様になる」と説明している。また,納入業者の商品の他,「此の場所其の売場に於て実演販売と同種の商品を販売して居れば其の回転率は確かに高くな」り,「異種の商品で有つても客は自然其の売場の商品の必要を感じた場合には自然其の売場に買いに行くで有ろう」としており,実演販売の宣伝効果による集客と,顧客の買い回りによる商品の回転率向上という効果を説明している。

　第三に,百貨店のMD力の補完が挙げられる。具体的には,「各百貨店に於て行はれて居るものに,マネキン,店員による実演等が有るが此等は皆唯単に其の商品のための宣伝にして,其れによつて不利なる位置の売場を助けると云ふ意味に於て行はれて居るものは先ず無いと云つてよからう。殊に店員の実

演の場合には屢々其の商品に対する知識薄弱なる為め，又実演販売等に不馴れの為め其成績もあまり良好ならざる様に思はれる」と説明されている。ここでは，納入業者からMD力を補完することにより，百貨店従業員が販売するよりも売上を増加させる効果のあることが説明されている。

同文献には実演販売の実例として1932年12月1日から31日までの繁忙期における玩具の事例が挙げられている。店舗の7階で通常は顧客の通路となっている幅約2間（約3.64m），長さ10間（約18.2m）程の場所の一方に百貨店が直営の「お正月用品」売場を出し，「子供相手の品」としてタコ，コマ，カルタ，双六（これらは元々3階の玩具売場に陳列されていた物である），羽根，羽子板（これらは6階に羽子板市が設けられている）などを販売した。

この売場の反対の窓側に売上仕入による5つの実演売場が設置され，商品としては「キザミ綿細工」，「チエツヤマノ」，「ホームベースボール」，「お好み焼きおよびワルメ焼」，「ダイヤモンド将棋」（いずれの商品名も原文ママ）を販売した。これらの売場では，直営の売場で1,434円2銭，実演販売で444円86銭をそれぞれ売上げ，臨時で設けられた売場としては「実演販売による客の吸収策の好結果」として良好なものであった。このため，実演売場は1934年1月15日まで開催を延長することとなった。これら売上仕入を利用した実演販売はこの百貨店で初めて行われたものであり，「今後はより研究された此等の方法により益々其の店の経営上の改善進歩を計つて行くで有ろう」と評価されている。

3.2　物産展での利用例

委託型出店契約を用いた催事としては，前項でみた短期間の実演販売のほか，催事場や各階のイベントスペースにおける短期間の有名店・専門店の出店（物産展）が戦前期から行われていた。具体的な事例として，松坂屋上野店では，「上方うまいもの会」という名称により1936年11月1日から7日までの期間で有名食品店を出店させた短期の催事を開催した（写真6-1①）。ここでは名物茶屋（おそらく軽食コーナーと思われる）では仲よしぜんざい，キシメン，大阪寿司などを，実演では聖護院（八ッ橋），スエヒロ（ビステキ），サカエヤ（大阪寿司）などを，物品販売では大阪，京都，名古屋，和歌山，大津の

136　第6章　委託型出店契約の利用実態

写真 6-1　松坂屋上野店の催事「うまいもの会」の新聞広告

① 上方うまいもの会
（1936年11月1〜7日）

② お国自慢諸国うまいもの会
（1940年2月20〜27日）

出所：『読売新聞』1936年11月1日（朝刊），11面。

出所：『読売新聞』1940年2月20日（朝刊），4面。

③　お国自慢諸国うまいもの会（1940年2月20〜27日）

出所：『読売新聞』1940年2月24日（朝刊），3面。

有名食品店をそれぞれ出店させている[43]。この催事は出版社の食通社が後援しており[44]，同社の有する情報なども活用しながら専門店を集結していたものと思われる。新聞広告の広告文として「食通におくる本格的な上方の味　坐ながら味わえる味覚の珍品」と記載しており，現在より地理的な移動に時間がかかり，東京において入手することが難しかった関西・名古屋の食品販売を全面に打ち出した訴求を行っている。

　写真6-2をみると，各店舗ともそれぞれの実店舗・商品のイメージを演出する独自の外装，内装，什器を設置して商品を販売し，あるいは軽食の提供，製造実演，酒類の試飲など，趣向をこらして販売している様子が分かる。この催事は，その後「お国自慢諸国うまいもの会」と名称を変えて継続したようであ

3．商品分野における委託型出店契約の利用例　　*137*

写真6-2　松坂屋上野店の催事「上方うまいもの会」の外観

① 京都聖護院八ッ橋の実演場

② 八ッ橋の実光景

③ 大阪寿司の実演

④ 名古屋きしめんの実演

⑤ 青松白鷹の宣伝と試飲所

⑥ キンシ正宗の宣伝

⑦ うまいもの茶屋におけるビステキの実演（スエヒロ）

出所：食通編集部（1937），pp. 26-27。

る（写真6-1②③）。これらの催事では取り扱う商品の産地を関西・名古屋から全国に拡大しており，製造実演として下野の栗餅，江戸の桜餅，京都の八ッ橋，桑名の焼蛤，広島のむきかき，静岡の花クリーム，草加煎餅等を出店させている。また特設茶屋としては，抹茶，喫茶室，鹿の子餅の掛茶屋，江戸前握ずし立食等を出店させている。この催事の広告文では「全国各地に名だたるお国自慢の名物うまいものを凡ゆる種類寄せ集めて即売」，「全国各地より取寄せ

写真6-3　髙島屋東京店の催事「うまいもの会」の新聞広告

①京阪名物うまいもの会
（1933年4月20〜27日）

②京名物うまいもの会
（1934年）

③京名物うまいもの会
第5回（1935年）

④京名物うまいもの会
第7回（1936年）

⑤京名物うまいもの会
第8回（1936年）

出所：①『読売新聞』1933年4月18日（朝刊），5面。②『読売新聞』1934年4月10日（朝刊），11面。③『読売新聞』1935年3月30日（夕刊），3面。④『読売新聞』1936年10月29日（朝刊），11面。⑤『読売新聞』1937年10月23日（朝刊），10面。

たるお国自慢の名物　いずれもその地方色豊かな味覚の粋」と記載しており，上方うまいもの会よりも対象地域を広げてさらなる集客を図っている様子が分かる。

　このような各地に所在する食品有名店を集積した催事は髙島屋東京店でも展開されている。当時の新聞広告で確認することができたものとしては（写真6-3），1933年に「京阪名物うまいもの会」との名称で開催され，その後1934年に「京名物うまいもの会」に名称を変更して，1937年の第8回まで開催されている（その後の開催は不明）。また，この催事は前出の松坂屋上野店の催事とほぼ一致する名称であるところ，同催事における食通社との関係性は不明である。

　1933年の催事の詳細をみると，京名物（聖護院の八ッ橋など），大阪名物（二ツ井戸の栗おこしなど）の販売や髙島屋ブランドの紅茶試飲などが展開されている。この催事の広告文では「名物行脚が髙島屋の地下一階で一度にできる」というものであり，松坂屋の事例と同じく京都・大阪の食品入手が東京において可能になることを訴求したものとなっている。その後，同催事は京名物に絞って開催されるようになり，京名物の食品販売と実演をセットで行い，製造実演では八ッ橋，葵餅，祇園団子，弁慶餅，一休餅，千枚漬，豆平糖，志ば漬など趣向をこらしたものを設置している。このように，髙島屋は自らの出自であり地の利がある京都の産品を訴求した催事を大消費地である東京で開催していたことが分かる。

　このように，催事場や売場のイベントスペースでの催事販売などにおいて，有名店を短期間出店させる食品の物産展は戦前期から行われていた。その手法は食品販売，軽食の提供，実演販売といった現在とほぼ変わらないものであったことが分かる。

3.3　名店街における利用例

　短期間の催事販売のほか，食品や衣料品，身のまわり品，雑貨などの有名店をインショップ形式で常設し，これらを一定ゾーンに名店街などと称して集積することは，現在では一般的な展開方法となっている[45]。このような納入業者のブランド等を利用した常設売場の展開方法は，第2節で分析したように戦前

表 6-1 そごう大阪本店（1935 年当時）における委託型出店契約の利用商品分野

利用商品分野	呉服・洋服・周辺商品	食品・特殊商品		食堂・サービス
納入業者名	趣味呉服（むら田：木挽町） 袋物小物（平の屋：銀座） 履物（長谷川：大根河岸） 足袋（めうが屋：浪花町） 組紐（道明：池の端） つげ櫛（川島屋：池の端） きせる（村田屋：両国） 紙製品（保寿堂：駒形） 紙細工（伊勢długi：神田） 指物小道具（京屋：池の端） 宝石貴金属（大和屋：両国） 真珠（御木本：銀座）	梅ほ志飴（榮太樓：日本橋） 羊羹（藤村：本郷） 矢羽餅（ちもと：銀座） ちぐさ（筑紫：銀座） 雷おこし（評判堂：浅草） 江戸あられ（胡萩堂：新橋） 番茶菓子（長門：銀座） 海苔（山本：日本橋） 海苔（守半：大森） 福神漬（酒悦：池の端） 佃煮（佃茂：築地） 佃煮（宝来屋：葭町） 果物（千疋屋：銀座）	八つ橋（聖護院） 豆平糖（下里） 五色豆（豆政） 黄粱（鎰屋） 松風（亀陸奥） 千枚漬（大藤） 銘茶（千切屋）	特別食堂（野田屋） 美容室（小出政子美容室） 写真室（山沢栄子写真スタジオ） パーラー（千疋屋） 理髪室（田坂秀吉理髪室）
備考	東京専門店街	東西有名食料品特選街（東京）	東西有名食料品特選街（京都）	委託

出所：そごう社長室弘報室編（1969），pp. 241-243 より筆者作成。

期から行われていた。

平井（1938：241-242）の「大阪の百貨店に，東京の中心商店街である所の銀座の専門店街や，京都の有名な喰物屋横丁が出来た」という名店街タイプの記述は，そごう大阪本店の事例である。同店舗では，1935 年の新店舗開店の際に前述のとおり食堂・サービス部門の一部を委託型出店契約で設置したほか，呉服，洋服，周辺商品，雑貨等や食品において東京，京都の老舗の有名店を集結し，常設していた。

具体的な内容としては，表 6-1 をみると 6 階に「東京専門店街」を設置して東京の有名商店街の専門店（呉服・洋服やその周辺商品，雑貨，宝飾品など）を出店させ，地下 1 階には「東西有名食料品特選街」を設置して東京の有名食品店（栄太樓，酒悦，千疋屋など）と京都の有名食品店（聖護院など）を出店させている[46]。そごう大阪本店の事例の特徴としては，納入業者のブランド等を利用する形式の出店が食品に止まらず，呉服・洋服・周辺商品など幅広い商品分野に及んでいること，およびこれらの店舗を一定のゾーンに集積して集客を図ったことが挙げられる。

そごう大阪本店の事例のほか，他の百貨店でも食品分野において納入業者のブランド等を利用した出店が行われており，例えば白木屋日本橋本店ではほうじ茶，人形焼き，明治のお菓子，不二家の動物チョコレート，ベビーカステ

写真 6-4　白木屋日本橋本店の常設売場「実演たべもの売場」の新聞広告（1936 年）

出所：『読売新聞』1936 年 5 月 3 日（朝刊），4 面．

ラ，蒲鉾，天ぷらなどの専門店を常設した「実演たべもの売場」を設置している[47]。写真 6-4 はこの売場の新聞広告であり，ここに記載された絵を見ると，食品の物産展と同様に，各店舗が自らのブランドのイメージを演出する独自の外装，内装，什器を設置して商品を販売している様子が分かる。

　松坂屋名古屋店では 1936 年に京都虎屋（和菓子），東京コロンバン（洋菓子），大阪松前屋（昆布），東京有明屋（つくだ煮）といった有名食品店 4 店について，百貨店外の店舗をそのまま模した形で店内に常設で設置した「東西名物街」というゾーンを設けている（写真 6-5，6-6）[48]。写真 6-5 をみると，各店舗とも 1 か所にゾーニングされた場所において，入口には障壁を設けず，三方を棚で囲んで什器，装飾品で各ブランドの統一感を演出している様子が見て取れる。こうした手法は現在の食品における有名店のインショップと同様のものであることが分かる。また，写真 6-6 をみるとゾーニングされた場所を「東西名物街」として宣伝している。この売場の広告文では「古くから名代の老舗と歌われる先東西一流の代表的専門店を常設致しました」としており，かつ，4 店舗の名称・取扱商品を記載しており，これら専門店の集客力を活用した宣伝を行っている様子が分かる。

　白木屋や松坂屋が行った食品分野の有名店や専門店・業者を委託型出店契約で出店させ，集客に利用する手法は，常設の売場でいえば戦後復興期に渋谷の東横百貨店が 1951 年に導入した「東横のれん街」を端緒として全国の百貨店に拡大した「のれん街方式」につながるものである。加えて，そごう大阪本店

142　第 6 章　委託型出店契約の利用実態

写真 6-5　松坂屋名古屋店の常設売場「東西名物街」の外観

出所：松坂屋「松坂屋ヒストリア小話　その四　デパ地下グルメの発祥は松坂屋！？」(https://shopblog.dmdepart.jp/nagoya/detail/?cd=038757&scd=002618, 2021 年 6 月 11 日閲覧)。

写真 6-6　松坂屋名古屋店の常設売場「東西名物街」の新聞広告（1936 年）

出所：松坂屋「松坂屋ヒストリア小話　その四　デパ地下グルメの発祥は松坂屋！？」(https://shopblog.dmdepart.jp/nagoya/detail/?cd=038757&scd=002618, 2021 年 6 月 11 日閲覧)。

の「東京専門店街」の事例は，現在の百貨店において衣料品等あらゆる商品・サービス提供分野で拡大しているインショップ形式による出店にもつながる手法である。

　前述したとおり，納入業者が百貨店ののれんを利用するため百貨店の一部門としての外観で販売業務を行う一般的な利用タイプに対し，自らのブランド等を利用した店舗・売場を設置する名店街タイプを採用して出店する納入業者は，自らのブランド等を掲示・表示した外観で販売業務を行い，百貨店の集客力に吸引されて来店した顧客に対し自らのブランド等を利用して商品の購買を促進する。このようにして得られた収益は百貨店と分配され，かつ，名店街の品揃えが百貨店の品揃えの魅力を向上し，百貨店の集客力のさらなる向上や

商品の買い回りにも貢献することとなる。このように，名店街方式では，百貨店・納入業者双方が収益を拡大するという互恵的な相互依存関係が強く形成されることとなる。

4．サービス提供分野における委託型出店契約の利用例：食堂の事例

4.1　百貨店化開始後における食堂運営

　戦前期において委託型出店契約を大規模に採用したサービス提供分野の事例として食堂が挙げられる。本節では，食堂における委託型出店契約利用の実態を概観する[49]。

　食堂の運営に関する業務は，調理，サービス（給仕）および食堂全般の管理・運営に大きく分けることができる。このうち最も専門性が高い調理業務は，その過程を前処理，主調理，盛付けに分けることができ[50]，それぞれに技術等が必要となる。さらに，食材選びや仕入にも技術等が必要となり，これら業務を担う調理人の育成には相当な期間を要する。とくに高級食堂の調理業務では，一般向けの食堂よりさらに長い年月の育成が必要となる。このため，百貨店が食堂を直営するハードルは，とくに調理業務における技術等の面で高いといえる。このことにより戦前期から現在に至るまで，百貨店が食堂運営において委託型出店契約を積極的に利用していることにつながっている。

　戦前期には家族の行楽の場として利用されていた百貨店は，施設の面で食堂，屋上庭園，催物の充実などを行っている[51]。このうち食堂は呉服店が百貨店化を開始する時期には既に設置されており，その端緒は1904年に白木屋日本橋本店が近隣の有名店の出張所を設置したことにある。ただし，これは本格的な食堂ではなく，子供向けの遊戯室の一部に出店したものであった。運営形態は直営ではなく白木屋近くの「食傷新道」と呼ばれ有名店が店舗を構える飲食街から，ほかけずし，汁粉の梅園，そばの東橋庵が出張店を設置した[52]。また，白木屋が1911年に店舗を大幅に改築し，食堂の客席を100席に拡張した際には，そこでの調理を新橋の花月楼に委託している[53]。

　三越日本橋本店では，1907年に165m^{2}の食堂を設置して食卓6, 7脚を備

え，サービスを担当する少女給仕には紫色無地の和服を着用させていた[54]。ここでの想定する客層は，日比谷公園の松本楼や三橋亭などで洋食を食べていたような生活水準である中から高所得者層とされている[55]。当時のメニューは，食事（50銭），寿司（15銭），老舗の西洋菓子（10銭），和菓子（5銭），飲み物（コーヒー・紅茶各5銭）であった[56]。これらの料理のうち菓子類については「名高い本郷藤村の日本菓子もあれば，西洋菓子の元祖たる赤坂森永商店の出張」で提供されており[57]，白木屋と同様に有名店の出張販売（外部委託）が導入されていたことが分かる。

同年に三越が大阪店を出店した際にも食堂を設置し，つるやの定食，寿司，汁粉等を販売した。このときは店内に「厨房設備があった訳ではないから，之等の食事は専門店からの出前に依つたもので，すべて買取り主義であった」と説明されている[58]。この場合の「買取り主義」は，大阪店で「食堂を始めた頃は，てんで御客は這入らなかった。和食の如きは，つるやから十人前宛御膳を取り寄せていたのであるが，これすら売残る日が間々あった」との記述がある[59]。これらの記述から，同食堂の開設当初は，有名店から弁当を仕入れて販売するという買取仕入が行われていたようである。

このように食堂の設置当初は，店舗に厨房等の本格的な調理設備がなかったため，外部で調理して持ち込みやすい弁当や寿司，菓子類の提供が中心であったことが分かる。当時はまだ洋食が一般的になっておらず，提供される料理の中心は和食であった。また，当時の食堂の設置目的は，単独で収益を上げられるか否かは別として，顧客が各売場を長時間買い回る手助けとなり店舗全体の収益を向上することにつながる，施設面での付帯サービスとしての要素が強いものであった[60]。

1914年には，三越日本橋本店においてルネッサンス式の建物を有する新館が建設され，その4階には食堂が277m^2，120席に拡大して設置された[61]。この食堂は，幅7間（12.7m），奥行12間（21.8m）の広さであり，隣接して配膳室を備え，屋上6階にある厨房と2個のリフトによって料理を昇降させ，調理にはガスを用いるという近代的かつ本格的なものであった。当時のメニューは設置当初の料理に加えて和食2，3品を提供しており[62]，1916年には団子と汁粉，季節の果物が追加されている[63]。このうち汁粉と団子は「都下にて有名

なる菓子の老舗が，われから望んで其手腕を揮う」と説明されており[64]，菓子類では引き続き外部委託を用いていた。

4.2 食堂の拡大と運営実態

　百貨店が食堂を拡大するのは店舗の増改築によって店内厨房の施設が整った1920年代に入ってからである。料理等の価格帯は，同時期に顧客を新中間層にまで拡大したことに合わせて，近隣の食堂と比較して決して安価とはいえないが，高価すぎるわけではないという設定がなされた[65]。また，開放的な大空間を有する大食堂において和食や軽食，菓子，飲料に加え洋食も提供され始めるなど，多様な料理を提供するように変化し[66]，家族連れを想定した子供向けの施策も導入された。

　三越日本橋本店における食堂の状況を概観すると，1921年に旧来の食堂を廃止して新築の西館6階に855m^{2}の大食堂を開設し，ここでは和食，そば，軽食類，汁粉，飲み物などを提供している[67]。また，1922年には東館の増築に合わせて6階に200人収容の第2食堂を設置し，洋食専門とした[68]。

　当時の食堂運営の状況として[69]，専務であった倉知誠矢は，1922年「十月中旬から東館六階に東洋軒食堂を増設させた…三越のお客の食堂は弁当では花月，松本，鰻は竹葉，小松，すしは宝来大阪の各商店が隔日交代で請負い場代は無料の上給仕人，小使，税金等は一切店の方で持ち商人はただ材料，職人を持てば好いので八十銭の定食は普通料理屋の二円位である」と説明している。また，食堂の売上について，寿司の売れ行きが一番よく平均月に1万8,000円内外，その次は花月，松本で1万5,000円であり，この売上の何歩かは三越が収受する規定となっていて，この歩合を三越が雇用する小使，給仕人の「四季の仕着せ，給料」に充当していると説明している。この記述から当時は大食堂・第2食堂双方で，調理業務のみを有名店に外部委託しており，提供した料理等の売上に連動した歩合金を三越が収受していたことが分かる。また，食堂全体の管理・運営や給仕・代金収受・管理といったサービス業務は三越の従業員が担い，かつ，食堂運営に要する費用を三越が負担するという役割分担をしていたことも分かる。三越がこのような分担が行ったことについては後程分析する。

第2食堂における東洋軒への外部委託について，別の文献では，東洋軒の料理長土田治三郎以下19人の西洋料理人が，百貨店の以前からの顧客である高所得者層に西洋料理を提供していたと記述している[70]。大食堂と同様に，当時まだ一般的でなく，かつ，比較的高価な洋食を提供する第2食堂の調理業務は，著名な西洋料理店を運営していた東洋軒に外部委託していたことが分かる。

　1926年当時の他の百貨店の状況として[71]，白木屋では築地の精養軒が食堂を運営し，松屋では新橋の花月が請負方式で料理を提供しているところ，三越と同様に給仕は松屋が雇用していた。また，この請負では「其中でなお細かく分けて五目寿司大阪寿司の類は日の出寿司，汁粉類は塩瀬，支那料理は銀ブラ，洋食は共楽軒という様に分担している」と説明しており，詳細は不明だが，花月がそれぞれの料理分野の専門店に料理の提供業務を再委託していたと取れる記述となっている。

4.3　食堂運営における外部委託と業務の分業

　設置当初における百貨店の食堂において外部委託が用いられた理由としては，第一に，規模が小さく百貨店全体に与える数値面での影響が小さかったことが挙げられる。この理由としては，「呉服類や雑貨類等々の商品の小売が本筋の商売で，食堂なんかというものは，丁度刺身のツマ見たいな存在で，先つ顧客にお茶やお菓子の接待をする代わりに食堂を利用して戴く，といふ位の至極お粗末な役目しか持たなかったのであるから，其経営の形が請負であらうと直営であらうと，どちらだつてたいした問題であり様がない。精々ややこしい問題が起らなくなつて，無事な遣り方でありさえすればよかつた」と説明されている[72]。

　第二に，運営に関する技術等の難易度が高かったことが挙げられる。この理由としては，百貨店は呉服店が発祥であることもあり「食堂経営には独特のむずかしさがあり，縁の遠い商売なので直営するところはなかった」と説明されている[73]。同様に，「元来料理屋の仕事なんて，吾々のタッチすべきものではない。それは其道の人達にやらす可きもので生半可に素人が手を染むる仕事でない。かたがた，直営ということにすれば，料理人やコック其他有象，無象の氏，素性の知れない様な者たちを雇ひ込まねばならない」ためと説明されてい

る[74]。

　これらの記述から分かることとして，呉服店から品揃えを拡大しつつあった百貨店にとって，食堂の運営は食堂自体の規模が小さく，かつ，運営に関する技術等の面から難易度が高いものであった。このため，百貨店が自ら経営資源を投下して技術等を内部化し，直営で運営する経営上の魅力が乏しかったといえる[75]。

　食堂運営において外部委託を利用することは，メリットとして運営に関する技術等を内部化する必要がなく，かつ，料理提供に付随して生じる売れ残りや商品管理上のリスク負担が軽減されることが挙げられる。一方で，デメリットとしては，料理・サービスのレベルが低下するおそれがあり，かつ，百貨店のマージン率が低下することが挙げられる[76]。デメリットについては食堂の規模が拡大する1920年代後半に顕在化することとなり，後述する食堂の直営化の拡大につながることになる。

4.4　百貨店による直営方式の拡大

　1923年9月に関東大震災が発生し，その後，百貨店は顧客を新中間層にまで拡大し本格的に大衆化を進めることになった。関東大震災後の1926年当時の大手百貨店の食堂の運営状況を記述した文献によると[77]，三越日本橋本店では食事については新橋の花月，しるこ類については梅村，蕎麦類については連雀町の藪を請負方式で出店させているのに対し，菓子類，飲物類，牛肉弁当，ランチなどは三越自身が直営で運営していた。これに対し請負方式を含めて食器類はすべて三越が用意していると説明されている。松坂屋上野店は，洋食を上野の精養軒，日本食を薬研堀の大又，しるこ赤飯類を蛎殻町の菊新，丼物を霊岸河岸の大黒屋に請負方式で出店させていた。三越大阪店では，食堂設置時から引き続き大阪の一流割烹であるつるやの板前数人が調理していると記述がある一方で[78]，洋食は直営で運営していた[79]。

　このように，大正期の百貨店による食堂運営の方式は，開設当初における老舗の食堂に対する委託方式が主流であったものから，1930年代にかけて直営が多くみられるようになった（第7項の調査を参照）。

　百貨店が食堂運営を直営化した理由を検討すると，第一に，収益の取り込み

が挙げられる。1924年以降の百貨店による食堂運営について、「百貨店殷盛の事実、従って目前に展開する押すな押すなの食堂の盛況を目撃しては、今迄の継子扱いの非を悟り、改めて篤と考へ直す必要を痛感」し、「繁昌の利益の大部分を無条件に請負者に藻って行かれる」ことに対する懸念が指摘されている[80]。数値面でみれば、例えば、東京市旧市域の百貨店3店舗において1925年度の全売上高に占める食堂の売上シェアは2～4%にまで高まっている[81]。

このように食堂は、設置された当初に比べ規模が拡大したことに加え、売上高に占めるシェアが高まっていた。このため、経営資源を比較的潤沢に有する百貨店の中には、食堂運営における全業務の外部委託あるいは調理業務のみの外部委託という手法を修正して運営を内部化し、百貨店が自ら収益を取り込もうとする動きがみられるようになった[82]。こうした直営化進行の結果、外国の百貨店では食堂によって純益を上げているものは稀なところ、日本の百貨店では顧客、とくに婦人客を誘致する施設であるばかりでなく、「百貨店収入に対する一つの有力な財源となっている」と評されるまでに至っている[83]。

直営化の第二の理由としては、提供料理とサービスのレベル維持・向上が挙げられる。当時の文献では、百貨店が食堂において外部委託を利用すると「一方お料理の方は、凡そそれと反比例にだんだんお粗末にな」り、「仕事がつかえても織手間を増そうともしない。勢い料理はぞんざいで遅れ勝ち、それが又給仕のサービスの未熟と相待つことになる」という事態に陥った。この結果、顧客から「百貨店自体の声価信用の失墜という處迄進行し相な影勢となつて」しまったため、百貨店による食堂の直営化が進行したと説明されている[84]。

具体的に三越の事例でみると、1926年当時に日本橋本店で直営の食堂を運営する理由としては、調理業務を担当する食堂運営業者に対する暗黙の監督・刺激につながること、顧客の希望や不平を直接聞くことができることが挙げられている。また、食器類を三越側がすべて用意する理由としては、破損品の取替が容易であることが挙げられている[85]。1932年当時の大阪店においては洋食のみを直営にしていたが、これは提供される料理について、「請負にしてみれば、出来る丈仕入を安く、量をすくなくして儲けを多くしようとするのだから、相当監督が目を光らせなければならない」と説明されている[86]。これらの記述から、提供される料理やサービスのレベル維持という理由により、三越が

調理業務の直営化を進めていたことが分かる。

　食堂の外部委託から直営への切り替えに際し，技術・知識面で難易度の高い調理の内部化が課題となる。これには，第一に，外部の百貨店の食堂に従業員を派遣して技術・知識を学習させることが行われており，とくに大食堂ではこの方法が用いられていたと思われる。例えば，切替えの事例ではなく新設の事例であるが，東横百貨店が食堂を開設する際に，食堂経営を学ばせるために従業員を阪急百貨店の食堂に派遣している[87]。派遣された従業員は，調理から始まり食堂経営全般について学んでいる。

　第二に，調理人の転職を受け入れて内部化を図っており，大食堂に加え，とくに高級料理を提供する特別食堂ではこの方法が用いられていたと思われる。例えば，1936年当時の大手百貨店の料理長や食堂部には，東洋軒などの一流レストランやホテルのレストランで勤務経験がある料理人が多数勤務していることを紹介する記述がある[88]。また，1924年に大丸は，京都店の食堂を外部委託から直営に転換する際に東洋軒に相談し，その結果北村勝巳が東洋軒から京都大丸食堂部長に転じて就任したとの記述がある[89]。ここから有名店と百貨店とが良好な関係を構築しており，有名店が自己で育成した調理人を輩出する先のひとつが，ホテルの食堂などと同様に百貨店の食堂であったと推測することができる[90]。

4.5　特別食堂の設置と子会社による食堂運営

　次いで昭和期に入ると本格的な成長を遂げ，新中間層世帯の家族客に合わせた子供向けメニューの提供や，時間帯別の顧客層に合わせたメニューの提供，女性客の利用増加などがみられるようになった[91]。その中心となった大食堂では，開放的な大空間において和洋食や軽食，飲料等，多様な料理を百貨店の名義により提供していた。また，顧客数が増加し，これに合わせて提供された料理のメニューは以前に比べて品目数が増加し，かつ，和洋食に加え中華もみられ，甘味，喫茶と併せ多様になっていることが分かる。また，提供される料理の種類は，和食が6割，洋食が4割であった[92]。

　一方で，百貨店顧客の大衆化に連動した大食堂における混雑と業務運営の効率化は，食事の際の環境悪化や大量生産された料理の味を落とす要因となっ

たようである。このため，高所得者層向けに料理・サービスのレベルを上げた特別食堂を設置する百貨店も出現した[93]。例えば三越日本橋本店では，1934年に新館が増築された際に，7階に純フランス式の特別食堂が開設された。このように顧客の中の高所得者層をターゲットにした特別食堂を開設した目的は，日本橋本店では高所得の顧客が多く，これらに対するサービス強化の一環であったといえる。ここで出された料理は，例えば洋定食（6品），和定食（7品）共に1円50銭であり[94]，大食堂で提供される料理の3倍程度の金額設定となっている。

食堂の運営方式の面では，三越・松坂屋が食堂の外部委託先として子会社を設置するという動きがみられた。三越では1927年7月に子会社の二幸（設立当初は二幸商会）を設立し，同年11月に従来直営と外部委託とが併用されていた大食堂の調理業務について和洋中すべての領域において二幸に一本化して委託している[95]。二幸は，本店大食堂の調理業務のため日本橋本店近隣の品川町に調理場を開設している。

当時の二幸は，「創業期の原動力」であった食堂事業に力を入れており，「名の通った板前やチーフコックを揃え，中華調理人は本場中国より優秀な技術者を招く」などしており，二幸の調理技術と品揃えが業界屈指の指導的な役割を担っていた[96]。その後三越が銀座と新宿に支店を開店した際に，これらの食堂の調理業務を二幸が受託し，1934年に日本橋本店に特別食堂が開設された際にも二幸が調理業務を受託している。

二幸は，本支店にまたがり多店舗展開する各食堂における調理の前処理・主調理の一部を一括して行うためセントラルキッチンを導入した。1929年に設置された木挽町調理場は，築地の中央市場に近く仕入に便利であり，かつ，都内に所在する三越各店の中心点に位置し，ここで各店の調理業務を行った。地方においても，三越が札幌・仙台に支店を開店すると二幸もこれら支店の食堂運営を受託し，1932年には札幌店向けの札幌調理場，1933年には仙台店向けの仙台調理場を設置している。

松坂屋では，関東大震災後で松坂屋上野店本館の新築落成が近い頃に，その開店準備を兼ねて食堂改善委員会を設置し，食堂のサービスについて会議を催した。この会議では，「食堂が従来の如く各地業者個々の請負調理では，全店

の食器其の他を統一する事は殆んど不可能であるから，之を直営にすべきである」と決定し，グループ会社による食堂運営を行うことになった[97]。この結果，1929年4月に東京市に資本金50万円で株式会社同朋舎を設立し，松坂屋上野店新館6・7階食堂の調理業務や松坂屋大阪店における食堂の調理業務を請け負った。その後，1930年にサカエヤと商号変更した同社は，1932年の松坂屋静岡店開店時の食堂，松坂屋大阪店新館開店時の食堂，1935年の松坂屋銀座店改装時における8階の星の食堂，松坂屋上野店中二階の銀サロン，1937年の松坂屋静岡店7階のお好み食堂の調理業務をほとんど一手に引き受けている[98]。

このような三越・松坂屋の事例において，食堂運営を子会社に請負わせる方式も，子会社が百貨店と別法人であることを勘案すると形式的には外部委託に分類することができる。こうした食堂を運営する子会社設立の目的として，両社は外部委託から直営に切りかえる際に課題となった提供料理のレベル維持・向上と調理業務の効率化，業務管理の精度向上などを解決しようとしたと思われる。具体的には，これら子会社に食堂運営を委託することは，親会社である百貨店が直営に準じて調理業務を統制することが可能となる。業務管理の面では，調理業務においてセントラルキッチンなど効率的な食堂運営方法の開発や調理業務の受注範囲を三越の食堂以外にも拡大することによる規模の経済性の発揮が可能となる。また，人事管理の面では独特な師弟関係があり専門性の高い調理人の採用・育成や賃金管理などの精度向上を，これら子会社に専門的に取り組ませることが可能となる。このように，従来から外部委託・直営化それぞれにより生じていた課題を解決する手段として，調理業務の子会社化が行われたと思われる。

4.6 直営と委託の併用事例

食堂の一部を直営に切り替える百貨店が現れる中，外部委託・直営両者を併用していた百貨店の事例を分析する。阪急百貨店は1929年に梅田において百貨店を開業する際に，社長の小林一三が食堂中心の百貨店経営理念を掲げ[99]，7階・8階全フロアという全館でもかなりの面積を割いて直営の食堂を開設している。ただし，その翌年には直営中心の食堂運営の中にあって，うなぎ料理の有名店である竹葉亭を8階に出店した[100]。ここでの運営は，「指揮者を初め

調理人を竹葉亭より招き原料も大体東京竹葉の規格を標準として独特の味を出すに努めている」と説明されている[101]。この事例では，食堂運営で直営方式を選択する中でも，調理の難易度が大食堂より高く，かつ，有名店のブランドを利用して集客が図れる高級料理では，前述のとおり委託型出店契約を利用した出店を行っていたことが分かる。

同様に，そごう大阪本店では，1935 年の新店舗開店の際に大食堂とは別に設置されていた特別食堂をフランス料理の野田屋に委託している[102]。また，髙島屋南海店でも 1938 年に南海鉄道の高架駅のホーム下に南海店に東洋一と称する大食堂街を設置し，大衆向けと食通好みの両様を兼ね備えたものとした。この食堂街には，大食堂と直営店である中華料理の五色園・季節料理の南味亭のほか，福喜鮨，深川，スエヒロ，蘭亭，小萩料など東西の味の老舗を一堂に集めて出店させている[103]。これらの事例から，新中間層などに廉価な料理を提供する大食堂は直営で運営し[104]，高級な料理を提供する特別食堂や集客目的で設置する有名店では委託型出店契約で業者を出店させていたことが分かる。その他，1938 年当時の京浜デパートでは，食堂のうち支那料理室は緑風荘の余樹庭氏の委託経営としていたが[105]，これは当時まだなじみのなかった中華料理の調理に関する難易度の高さからくるものと推測することができる。

このように大食堂が直営，高級食堂・有名店が委託という棲み分けがみられる中[106]，自己の戦略上の理由から店舗の新設時に食堂をすべて直営とした事例として松屋の事例が挙げられる。松屋では 1931 年の浅草支店の開業に際し食堂を委託経営から自己経営とし，調理人を部屋（調理人の組織）から採らず自社で養成すること[107]，使用する肉や野菜の自給を図ること，大きなスペースを取ること，別室を設け相当高級の宴会もできるようにすること等の構想を立てた。これに基づき 6 階のほとんどを使用して約 1000 名収容する大食堂，宴会・集会用に使える別室など都内随一の大きさと新設備を誇る直営食堂が設置されている[108]。

4.7　1936 年当時の百貨店食堂における委託型出店契約の利用状況

日本百貨店商業組合調査彙報編集部（1936：21-34）には，当時の百貨店の

4．サービス提供分野における委託型出店契約の利用例：食堂の事例

食堂経営に関する調査結果が詳細に記述されており，委託型出店契約の利用状況も克明に記述されている。以下において詳細を検討する。

本調査で回答した百貨店店舗は，日本百貨店商業組合に加盟する百貨店の本支店 46 店舗であり，その所在地域は六大都市を始めとした全国各地にわたるものとなっている。種類別では，普通食堂（大食堂）はすべての店舗にあり，特別食堂を有する店舗は 13 店舗で総数 16 食堂，フルーツパーラー等を経営している店舗が 6 店舗となっている。また，提供される料理の種類として，45 食堂中，支那料理を扱わない食堂 14，日本料理を扱わない食堂 4，西洋料理を扱わない食堂 2，酒類を扱わない食堂 21 となっている。

食堂の経営状況（直営・委託の別）として，解答した店舗数 37 店舗の 54 食堂（フルーツパーラーを含む）中，直営 33 食堂（うちフルーツパーラー 2），委託 19 食堂（うちフルーツパーラー 1），一部直営・一部委託 2 食堂であり，直営が過半数であるものの全体の 35.2％（一部委託を含めると 38.9％）が委託型出店契約を利用した食堂であることが分かる。

委託のうち納入業者が百貨店に支払う使用料（歩合金）は，回答があった 17 食堂の平均では売上に対し 12.9％の支払いとなっており，委託型出店契約 3 類型共通の特徴のひとつである売上連動の歩合金が利用されていたことが分かる。ただし，月額 2,100 円の固定賃料を支払う食堂が 1 食堂あり，これは賃貸型出店契約を用いた出店を行っていたと思われる。百貨店の収入について，1932 年に発行された文献によれば[109]，「売上高の二割或は一割五分の分け前を百貨店に納入せしむる仕組になっている」と説明しており，同文献では前述した平均値よりも高い料率が指摘されている。これはおそらく同文献が交渉力の強い大手の老舗百貨店における実態を記述したものであると思われ，この点本調査が全国の百貨店を対象としたものであり，この相違によるものであると推測される。

食堂の人件費の分担については，委託 18 食堂，一部委託 2 食堂を見ると，表 6-2 のとおりとなる。この結果から分かることとして，第一に，人件費は百貨店がすべて負担する（3 食堂）あるいは給仕人は百貨店が負担し，料理人は納入業者が負担する（10 食堂）という結果になっている。ここから，現在では納入業者がすべて負担するという分担になっていることに比べ，納入業者の

表 6-2　食堂における費用負担

	百貨店負担	納入業者負担	給仕人は百貨店 料理人は納入業者負担
人件費	3	7	10 注
暖房照明費	19	1	－
燃料費	2	18	－

注1：表の数値は食堂数。
注2：給仕人は百貨店と納入業者の折半，料理人は納入業者負担1食堂を含む。
出所：日本百貨店商業組合調査彙報編集部（1936），p.29より筆者が一部改変。

費用負担が軽減されていることが挙げられる。このような分担は，前述したとおり現在にはみられない戦前期の百貨店における食堂運営の特徴であり，給仕業務に比べての調理業務の難易度の高さ，納入業者の費用分担能力の低さ，百貨店による顧客に直接接する給仕人のサービスレベル維持などが理由として考えられる。

　第二に暖房照明費は百貨店負担，燃料費は納入業者負担というのが一般的であったことが挙げられる。前者は店舗全体の運営に属する費用であり，後者は食堂自体の運営に属する費用であり，これらは現在でも同様の費用分担が行われることが多い。

　別の文献においても，食堂の外部委託において「多くの場合家具と給仕女は百貨店側で提供している」と指摘されており[110]，同様に百貨店による食堂の外部委託は，「店は部屋を提供し女給を提供するだけのことである，部屋代は無料，女給の給料は百貨店持である」と指摘されている[111]。他のサービス提供部門における委託型出店契約と同様に家具，什器等の設置費用負担や，前述のとおり食器の購入費用は百貨店が負担する場合があったといえる。

　以上のような収益の分配と費用負担の分担が行われていた食堂の外部委託の最終収支について，「百貨店は売上高の凡そ二割の上前を刎ねるのであるから労せずして儲かるようにも見えるが女給の給金を払つたり償却費などを見積ると百貨店としての儲けはそうたいしたものではないが食物商売だけに割りの悪い筈はな」く，食堂利用者は「百貨店入場者の約一割とみるのが普通」と説明されている[112]。この記述からも百貨店が得るマージン率の低さや費用負担を勘案すると，さほど収益を上げる部門ではないものの，買物の合間のサービス

施設あるいはシャワー効果を狙った集客装置としての役割を期待されて導入が拡大し[113]，あるいは直営化が進行したといえる。

4.8 食堂運営における百貨店・納入業者の関係の具体例

　第2節で検討したとおり，戦前期における委託型出店契約の下では，百貨店・納入業者間の関係では，百貨店が優位に立ち強力な営業統制を行っていたことを指摘した。そこで食堂運営における百貨店・納入業者間の関係について，筆者が入手した食堂運営に関する誓約書に基づき分析を行う。この誓約書は，昭和期に入ってから作成されたものであり（ただし，作成年月日は不明），納入業者が百貨店に対し本書を差し入れる形式（差入形式）となっている。この書面の作成方式は，委託型出店契約の中でも納入業者が片務的に義務を負担するという性質がもっとも強いものとなる。条項数は20条で構成されており，第2節で検討した商品分野における契約書例に比べ比較的詳細な約定がなされているという特徴がある。

　契約の基本的事項としては，契約期間が1年間であり，かつ，百貨店の都合で期間延長が可能，あるいは百貨店の都合で誓約の即時解除が可能となっている。他にも納入業者に調理品の供給不能，契約違反等があった場合の解除権を規定しており，百貨店は，自らの都合による，あるいは履行業務に不都合があった場合の納入業者の入れ替えを可能としている。

　納入業者に委託する業務の範囲は，百貨店が食堂で販売する「飲食物の調理品供給」であり，種目は別紙に定める方式となっている。この規定をみると，調理業務だけの委託なのか，食堂運営全般の委託なのかは判然としない。売上金の管理・分配については，百貨店が顧客からの売上金を収受し，10日目ごとに売上に連動する形で納入業者に支払う方式となっている。この支払タームを見ると現在行われている1か月間の締め切り方式に比べて，納入業者の資金繰りに配慮したものとなっている。また本誓約書では，調理品供給業務に対する保証金の差入れを規定しており，商品販売分野における委託型出店契約ではあまりみられない特徴を有している（第2節の契約書を参照）。

　百貨店による納入業者に対する営業統制としては，販売される調理品の種目および売価を百貨店が指定する規定となっている。また，調理品の材料品質の

鮮度・衛生に注意すること，分量・価格を廉価とすること，法令および百貨店の命令を遵守すること，店則を遵守すること，百貨店の信用（のれん）を毀損しないことなどを約定させている。納入業者の従業員に対しては，派遣時の事前通知および百貨店の承諾を必要としている。また，従業員の休暇・欠勤等や季節による調理材料の不足等で調理品の提供に支障を生じさせないよう注意義務を課している。百貨店の施設利用に対しては，器物に対する紛失・毀損および電燈，ガス，水道その他の設備品の使用注意，火災・盗難への注意といった義務を納入業者に課している。このように，本誓約書では，百貨店の店舗，のれん，顧客網の毀損を招かないように，納入業者が提供する料理やサービスの内容・レベル維持や従業員・施設利用の管理など，非常に詳細な統制内容が規定されている。

　費用の分担としては，納入業者が，①厨房における電力，ボイラー，ガス，水道等の使用料金，②掃除費および給茶費の割当，③調理に要する器具の修理費をそれぞれ負担する規定となっている。リスク負担としては，百貨店が納入業者に委託する業務がサービス提供業務であるため，売れ残りリスクの負担に関する規定は設けられていない。賠償責任としては，納入業者の業務履行に附随して生じうる，調理品に起因して百貨店または顧客に対して生じさせた損害の賠償義務，納入業者および納入業者の従業員が顧客に対し生じさせた損害の賠償義務が定められている。

　以上のとおり本誓約書をみると，第２節で検討した契約書と同様に，百貨店の取引上の地位の優位性を反映して，納入業者に一方的に約定を課す片務的な性質を有した内容となっている。ここから百貨店は，納入業者に対し，経営資源の相互依存関係において優位に立ち，交渉力が強かったことがうかがえる内容となっている。一方で百貨店は，売上金の精算を月３回行うなど納入業者の資金繰りに配慮したものとなっており，この理由は，常設の出店を行い長期間にわたる取引関係となる場合に，口座により厳選した優良な中小規模の納入業者と安定的な関係の構築を目指していたためと思われる。このように，第２節で検討した契約書と本誓約書では，誓約内容がより詳細になっている点を除き，非常に類似した内容を定めていることが分かり，委託型出店契約の下では百貨店が納入業者に対し一般的な関係として優位にあったことを示すものと

なっている。

5．小　括

　本章では，戦前期における委託型出店契約3類型の実態，利用分野および百貨店・納入業者の関係について検討した。ここで検討したとおり，戦前期において委託型出店契約は，多様な導入の端緒を推測することができるものの，百貨店が品揃えを呉服やその周辺商品から衣食住に拡大し，さらにはサービス提供分野の取扱いをするようになった際に売場でのMD力を補完することを目的として第1期である百貨店化を開始してからすぐに食堂で利用され始めていた。その後，第2期において百貨店が品揃えやサービス提供の取扱いを大幅に拡大していくに伴い，自らMD力を蓄積していない，あるいは取扱いに特殊な技術等が必要な商品・サービス分野や売れ残りリスクの高い食品，短期催事等で委託型出店契約を主として利用することとなった。これに対し，中小規模の納入業者が委託型出店契約を利用して出店する目的としては，百貨店の店舗，のれん，顧客網を利用した直接的な売上増大，百貨店と取引することによる自らあるいは自らの取り扱う商品の信用力向上，資金繰り上のメリットの享受が挙げられる。

　出店場所の顧客に対する名義，ブランド等の掲示・表示という外観上の特徴は，一般的なものとして百貨店の名義，ブランド等を利用して百貨店の一部門として成立するようなものであった。これに対し，納入業者のブランド等を掲示・表示して百貨店の集客に利用する出店も食品の物産展，名店街，食堂などを中心に幅広い分野で部分的に利用されていた。そしてどちらの外観においても，百貨店・納入業者が相互に相手方の経営資源を利用して収益を拡大するという互恵的な相互依存関係が成立していた。

　百貨店による納入業者に対する営業統制は，百貨店の取引上の地位の優位性を反映して，納入業者に一方的に約定を課し従わせる片務的なものとなっていた。こうした実態は，百貨店が納入業者に対し，経営資源の相互依存関係において優位に立ち，交渉力が強かったことを物語るものとなっている。他方で，通常の納入取引に比べ納入業者の資金繰りに配慮する，あるいは什器類を百貨

店がすべて提供するなど費用負担の面でも百貨店の負担が大きなものとなっており，口座により厳選した優良な中小規模の納入業者との安定的な関係の構築を目指すものとなっていた。

さらに本章では，委託型出店契約の利用例として資料が比較的残っている商品分野である実演販売，食品の物産展および名店街と，サービス提供分野の食堂の事例を検討した。実演販売と食品の物産展の事例では，現在の百貨店でも開催されているこれら短期間での催事販売の原型が戦前期からすでに行われていた実態が明らかになった。とくに，これらにおいては納入業者のMD力を利用した売場展開やブランド力を活用した広告が行われており，百貨店は，店舗の集客を図るために積極的に催事販売を利用した様子が見て取れる。名店街の事例では，納入業者のブランド等を利用したインショップ形式（名店街タイプ）とこれを一定ゾーンに集積する展開が戦前期から行われており，こうした展開が行われていた商品分野は，食品を中心に，呉服，洋服，雑貨などでも少数ながら広範に利用されていた。

食堂の事例では，百貨店の中でも百貨店化を開始した当初から食堂が導入された経緯もあり，第1期の初期の段階から外部委託が利用されていた。百貨店が食堂を外部委託した理由は，食堂運営，とくに調理に関する技術的な難易度の高さであり，この要因から，食堂全体の外部委託のほか，調理業務のみの外部委託という現在ではみられない手法も利用されていた。

第2期の1920年代に入り百貨店が店舗規模と品揃えを拡大し，顧客層に新中間層を加えるようになると食堂の運営規模が拡大し，ここで得られる収益を取り込むために百貨店の一部は大食堂を直営化した。他方で自社の持つ経営資源の限界から外部委託を利用する百貨店もあり，あるいは前出の名店街と同様に，調理の難易度が大食堂よりも高い高級店，あるいは顧客に知名度が高い有名店を大食堂に併設する事例もみられた。百貨店と納入業者との関係では，当時の契約書からは，委託型出店契約の下で百貨店が納入業者に対し優位にあったことを示すものとなっていた。

最後に，戦前期の百貨店における委託型出店契約の利用実態は，現在の利用実態と共通点が多くその原型となるものであったことが分かった。一方で，委託型出店契約は，特殊商品や食品，サービス提供分野を中心に利用されてお

り，衣料品や身のまわり品など主力商品での使用は限定的であった。このため，百貨店に与えるMD力の衰退の要因になるといった負の側面が生じていなかったため，現在と異なり利用に対し好意的に評価されていた。

注

1　松田・坂倉（1960），p. 80。
2　佐藤・高丘（1970），p. 86。
3　勧工場の経営上の特徴は，鈴木（2001：140-156）を参照。
4　社会調査協会（1931），p. 21。
5　石井（2012），p. 41。
6　平井（1938：241-242）では「賃貸」売場としてケース貸を分析しており，戦後復興期の清水・土屋編（1951：577-592）では，同様に「賃貸売場」との表現を使用して委託型出店契約を分析している。
7　例えば商店界編集部（1934）が挙げられる。
8　大丸呉服店（制作年不明）『諸伝票の運用と心得』。大丸が商号を「株式会社大丸呉服店」から「株式会社大丸」に改めたのが1928年であり，この以前に制作された資料と思われる。
9　戦後の文献として，土屋（1955：330-332）では，百貨店が用いる仕入形態のうち，委託仕入を「棚卸委託仕入」，売上仕入を「売上委託仕入」と説明しており両者とも共通して「委託」と捉えている。また，公正取引委員会事務局調査部（1952：40）では，売上仕入は「委託品仕入からの派生物」としており，両者の類似性を想起させる表現を用いている。
10　戦前期から，買取仕入における卸売業者による百貨店への従業員派遣は，繁忙期の品出し，販売等の業務補助のため行われるようになっており，委託仕入でも同様に卸売業者が業務補助のために従業員を派遣し，この派遣が次第に常態化していったと考えられる。
11　法的には委託（委任）と請負とは明確に区別されるべきものであるが，実務上は混用されている場合が多い。当時の文献でも販売業務委託のことを売場の「請負」と表現している場合が散見される。
12　委託型出店契約と賃貸借との相違点は拙稿（2020：11-17）を参照。
13　社会調査協会（1931），p. 21。
14　商店界編集部（1934），p. 130。
15　柳川（1949），p. 6。
16　古山（1954），p. 37。
17　秋山（1933），p. 10。
18　ダイヤモンド社編（1931），p. 1146。
19　そごう社長室弘報室編（1969），pp. 241-242。
20　小松編（1938），pp. 66-72。
21　百貨店新聞社編（1934），p. 471。
22　加藤（2016），p. 181。藤崎は，食堂のほか金物，履物等を地元の商工業者に担わせることで百貨店経営のノウハウを取り入れ，出店した商工業者にしても藤崎と同様に三越の進出に脅威を感じておりこれを取り込むことになった（加藤，2016：181-182）。
23　一例を挙げると，顧客に対し○○百貨店印刷部・書籍部・食肉売場などと掲示・表示される。
24　平井（1938），p. 241。

25　平井（1938），pp. 241-242。
26　秋山（1933），p. 10。
27　例えば，公正取引委員会が独占禁止法上の優越的地位の濫用における返品規制の考え方を示した「不当な返品に関する独占禁止法の考え方」（1987年4月21日）では，返品の慣行が新規商品の参入を促進する効果を有すると指摘している（はじめに〔一〕）。これは小売業者が返品により売れ残りリスクをおそれず新規商品を仕入れるようになるためである。
28　平井（1938），pp. 240-241。
29　秋山（1933），p. 10。
30　平井（1938），p. 240。
31　同時期に，百貨店との取引により納入業者が金融的な効果を得るために，百貨店・納入業者間の取引で返品が拡大することになった。詳細は岡野（2019）を参照。
32　商店界編集部（1934），p. 131。
33　柳川（1949），p.7。
34　同上。
35　売上仕入契約の下での百貨店の納入業者に対する優位性の状況は，岡野（2012：32）を参照。
36　百貨店が片務的に納入業者の営業を統制する傾向は現在においてもみられるが，長期間の取引関係が構築される場合には，詳細な規定を有する契約書が作成されることも多くなっている。現在の売上仕入契約書の規定内容は，岡野（2012）を参照。
37　商店界編集部（1934），pp. 130-131。なお，同文献では委託型出店契約を「賃貸売場」と称しており，かつ，アメリカのリースド・デパートメントの事例を紹介している。
38　例えば，拙稿（2019：91）では戦前期の返品問題が老舗の大手百貨店より経営内容の劣る百貨店で顕在化していたことを指摘している。返品が行われた理由が百貨店の経営資源不足の補完であったことを考えると，委託型出店契約による納入業者の出店が大手の老舗百貨店だけでなく経営資源が不足しやすい中規模の百貨店でも行われていたと思われる。
39　秋山（1933），p. 12。
40　村本（1937）。
41　戦前期における百貨店の催事の概要については，能勢（1938：105-109）を参照。
42　催事について，商品の販売を目的とする場合には，「特産物展覧即売会であるとか書画会であるとかの売品に対しては部屋を貸して人を課す代りに売上高の一割乃至二割を部屋代兼手数料として百貨店に徴収される」と説明されており（有賀，1932：85），百貨店側で販売員を手配する場合もあったようである。
43　『読売新聞』1936年11月1日（朝刊），11面。
44　食通社は，当時雑誌『食通』を出版していた。
45　このような有名店の集積には，例えば食品では「のれん街」，衣料品・服飾雑貨では「特選街」などと称する場合がある。
46　そごう社長室弘報室編（1969），pp. 242-243。
47　『読売新聞』1936年5月3日（朝刊），4面。
48　近藤（2006），p. 59，および松坂屋，「松坂屋史料室（♯松坂屋ヒストリア小話）その四　デパ地下グルメの発祥は松坂屋！？」（松坂屋名古屋店 SHOP BLOG），https://shopblog.dmdepart.jp/nagoya/detail/?cd=038757&scd=002618（2021年6月7日閲覧）。なお，コロンバンの出店は，同社ホームページによると1937年3月である。コロンバン「コロンバンの歴史」（https://www.colombin.co.jp/corporate/history1.php，2024年8月18日閲覧）。

注

49 戦前期の三越日本橋本店における食堂運営の歴史については，岡野（2023）を参照。
50 大浦・佐藤編（2021），p. 74。
51 初田（1993），p. 117。
52 白木屋（1957），p. 287，および宮野（2002），p. 76。
53 宮野（2002），p. 77。なお，花月楼は当時新橋に所在した有名料亭である。
54 三越（1986），p. 14。
55 初田（1993），pp. 119-120。
56 三越（2005），p. 68。
57 三越（1986），p. 14。
58 日本百貨店通信社編（1937），p. 91。
59 関根編（1934），p. 369。
60 岡野（2023），pp. 195-196。
61 三越（2005），p. 84。
62 小松（1933），p. 159。
63 三越（2005），p. 88。
64 三越呉服店（1916），p. 43。
65 近藤（2006），p. 56。
66 大正期における百貨店の食堂においては，和食の提供が中心であった（川副編，1966：138-139）。
67 三越（1990），p. 78。
68 三越（1990），p. 81。
69 『読売新聞』1922年12月2日（朝刊），5面。
70 川副編（1966），p. 139。
71 草之介（1926），pp. 83-84。
72 北村（1934），p. 31。
73 社史編集委員会編（1969），pp. 225-226。
74 北村（1934），p. 31。
75 岡野（2023），pp. 200-201。
76 岡野（2023），pp. 201-202。
77 草之助（1926），pp. 81-83。
78 RR生（1928），pp. 107-108。
79 北尾（1932）p. 246。
80 北村（1934），p. 32。
81 向井（1941），pp. 71-74。
82 岡野（2023），p. 206。
83 向井（1941），pp. 104-105。
84 北村（1934），p. 32。ただし，前述のとおり三越においては設置当初からサービス業務を直営で行っており，提供される料理のレベル維持・向上が主眼であったといえる。
85 草之助（1926），pp. 81-83。
86 北尾（1932），p. 246。
87 伊藤・和田編（1964），pp. 182-183。
88 川副（1936）。具体的には，1936年当時において大丸では，大阪大丸百貨店食堂料理長の夏目峯

吉は東洋軒を経て大丸に入社し，大阪大丸食堂部長の北村勝巳は第一東洋軒を経て大丸に入社し，大丸百貨店食堂部主任の稲垣熊太郎はオリエンタルホテル勤務後に大丸に入社している。髙島屋では，東京髙島屋食堂部料理長の今川金松は東洋軒本店料理長を経て髙島屋に入社し，南海髙島屋料理長の大久保球次郎は東京会館，東洋軒，万平ホテルなどを経て髙島屋に入社し，南海髙島屋食堂料理部の原清蔵は東京風月堂，東洋軒などを経て髙島屋に入社し，髙島屋長堀食堂主任の池田昌司は東洋軒に入社後数社のレストランに勤務した後神戸元町大丸食堂主任となりその後髙島屋に入社している。松坂屋では，松坂屋サカエヤ総料理長の中島英之助は東洋軒，東京倶楽部，交詢社倶楽部などを経て松坂屋に入社している。三越では大阪店食堂料理長の山下英雄は東京三田東洋軒，東京倶楽部などを経て三越に入社している。このように大手百貨店では，東洋軒を始めとした有名レストランや有名ホテルなどで修業した料理人を料理長として迎え入れるばかりでなく，食堂部の部長・主任としても迎え入れている様子が分かる。

89　川副（1936），p. 89。
90　ここも推測の域を出ないが，上位の調理人（親方）が新たな食堂に移籍する際には弟子を引き連れて複数人で移籍することは現在でも行われている。このことから，当時も同様であったことは容易に想像することができる。
91　当時の三越における食堂の顧客層と対応の詳細については岡野（2023），pp. 212-216 を参照。
92　『読売新聞』1930 年 3 月 3 日号。
93　1936 年当時の調査では，日本百貨店商業組合に加盟する百貨店の本支店 46 店舗のうち特別食堂を有する店舗が 13 店舗で総数 16 食堂に及んでいた（日本百貨店商業組合調査彙報編集部，1936：21-34）。
94　三越（1986），p. 15。
95　二幸における三越の食堂運営業務受託の過程については，岡野（2023），pp. 208-211。
96　国際食品開発（1977），p. 7。
97　松坂屋伊藤祐民伝刊行会編（1952），pp. 552-553。
98　松坂屋伊藤祐民伝刊行会編（1952），p. 554。
99　阪急百貨店社史編集委員会編（1976），p. 111。
100　宮野（2002），p. 79，および 50 年史編集委員会編（1998），p. 29。別の文献では，阪急百貨店では「七階の洋食，六階の和食と，支那料理とを直接経営して，別に竹葉の鰻料理丈けを別に営業させて居る」と説明されている（北尾，1932：242）。
101　百貨店新聞社編（1936），p. 86。
102　そごう社長室弘報室編（1969），p. 241。
103　髙島屋 150 年史編纂委員会編（1982），p. 126。
104　昭和期の大食堂の利用者は，主要な顧客ターゲットを家族客としつつも年齢や性別を問わず広い層に及んでおり，曜日や時間帯により客層が異なっていた。例えば婦人客のグループ，近隣の会社員，朝食・昼食のみを求めて商品の購入しない者などが顧客であったと説明されている（近藤，2006：56-57）。
105　小松編（1938），pp. 66-72。
106　同様の指摘として，多くの百貨店で上層階に比較的価格や雰囲気の高級な食堂が，下層階に中級以下の食堂が置かれるなど格差があったとされている（近藤，2006：57）。
107　部屋とは「口入れ屋」とも呼ばれ，板前の就職を斡旋する業者のことである。京都や大阪では口入れ屋が大きな権力をもっており，「口入れ屋の采配ひとつで料理人の一生が左右された」ほどである。部屋は，一般には昭和 30 年代頃まで，京都・大阪では昭和 60 年頃まで機能していたと説

明されている（神崎，2004：95-97）。おそらく百貨店が大食堂などで調理人を雇用する際には，部屋の紹介を利用する場合もあったと思われる。
108　社史編集委員会編（1969），pp. 225-226。
109　有賀（1932），p. 82。
110　社会調査協会（1931），p. 21。
111　有賀（1932），p. 82。
112　同上。
113　シャワー効果とは，百貨店等の大規模商業施設において上層階に物販（催事場など）やサービス施設（食堂，屋上施設など）などを充実させ，それらで集客した顧客を階下の売場に回遊させて買回りを促進する手法であり，地下に設置された食品売場における噴水効果と併せて利用されている。

終章
考察と含意

1. 百貨店における取引慣行の普及理由

　本書では，百貨店に生じる商品の売れ残りリスクや仕入資金を納入業者に負担させる機能を有する返品制（買取仕入に基づく返品および委託仕入）と，これに百貨店のMD力を補完する機能を有する派遣店員制が内包された委託型出店契約とを分析対象として取り上げた。これらの取引慣行が戦前期において我が国の百貨店に普及した経緯と利用実態，この取引慣行を利用する百貨店・納入業者間の関係について，文献・資料等を用いて明らかにした。

　この課題を明らかにするため，本書では3つの視点に着目した。第一に百貨店における取引慣行の利用実態が現在と戦前期とを比較して類似していることを明らかにし，また，その普及理由を分析した。第二に百貨店が有していた経営資源の状況から取引慣行ごとの利用分野に相違が生じたことを分析した。第三に仕入形態・出店形態利用下での百貨店・納入業者の関係として，相互に経営資源を利用し合い収益を拡大する互恵的な相互依存関係が形成されていたことを明らかにした。各視点に基づき本書で明らかにしたことを要約すると次のとおりとなる。

　まず，第1章と第2章において，3つの視点の分析の前提となる，百貨店が利用する仕入形態・出店形態の概要と経済的効果を分析した。百貨店の小売業態戦略上の特徴のひとつは幅広く奥行きの深い品揃えであり，これを形成するために百貨店がMDを実行する際に，商品の売れ残りリスク・商品管理上のリスクによる制約，仕入資金による制約，MDを実行する人的資源の量・質による制約が生じることとなる。百貨店は，これらの制約に対応する経営資源が

不足したときに，納入業者から垂直的な関係でこれら経営資源を補完することができる返品制と委託型出店契約を利用してきた。

　仕入形態に着目すると，完全買取仕入，返品特約付買取仕入，委託仕入および売上仕入は，それぞれ商品の売れ残りリスク，商品管理上のリスクおよび仕入資金の負担に相違があり，百貨店の負担は後者になるほど軽くなり，納入業者の負担は逆に重くなる。他方で，これらの負担と利益分配のバランスは百貨店・納入業者双方のマージン率で調整されることになる。百貨店は，これらの負担機能の相違とマージン率の高低とを踏まえて仕入形態を選択することとなる。また，商品の返品・返戻が可能となる3つの仕入形態は，それぞれ法的性質・利用実態が類似しており仕入形態の側面から見れば転換が容易である。このことは，百貨店における仕入形態の利用が歴史的に返品特約付買取仕入（派遣店員を併用したもの）から委託仕入（派遣店員を併用したもの），売上仕入へと変化してきたことにつながっている。

　出店形態に着目すると，売上仕入，販売業務委託およびケース貸という委託型出店契約3類型の特徴としては，納入業者の出店場所が百貨店の直接運営する売場と一体的に運用される点，百貨店にとって品揃え形成の際に生じるリスクや資金・費用，売場でのMD業務を納入業者と分担して売場が運営される点，顧客に対する契約主体が百貨店である点，百貨店が納入業者を強く統制する点が共通している。納入業者にとっても，委託型出店契約3類型を利用すると百貨店の店舗，のれん，顧客網を直接的に利用して収益を増加させ，あるいは売場のコントロールで主導権を握ることが可能となる。ここから委託型出店契約の下では，百貨店・納入業者間に互恵的な相互依存関係が形成されることとなる。一方で，百貨店にとり返品制・委託型出店契約を多用することは，自らMD力を蓄積する機会やインセンティブを失わせ，長期的にMD力の衰退につながり，ひいては現在の百貨店の経営危機につながっていると評価されている。

　インショップで利用することを想定し，返品特約付買取仕入に派遣店員を併せて利用した形態，委託型出店契約および賃貸型出店契約を比較すると，いずれの形態を利用しても外観上はほぼ同一の態様となる。一方で委託型出店契約は，他の2形態と比較すると中間的な収益と負担，営業統制を特徴とする契

約形態となる。ここに百貨店が賃貸型出店契約ではなく委託型出店契約を利用し，かつ，返品制から売上仕入に転換した理由が存在する。

　第3章では，戦前期の返品制・委託型出店契約を分析する前提として，戦前期における百貨店・納入業者の経営環境と百貨店の経営資源の状況，百貨店・納入業者の関係を明らかにした。百貨店は，都市化と鉄道網の発達，新中間層の拡大と生活の洋風化といった環境変化の下で，既存の高所得者層を対象に売上を拡大するため，従来の呉服から衣食住やサービス提供にまで品揃えの幅と深さを拡大することとなった。これを第1期とすると，続く第2期には，第一次世界大戦後の断続的な不況や関東大震災からの復興といった環境変化に対応するため，百貨店は，新中間層を顧客層に付け加えるために品揃えを大衆化して日用品やサービス提供を拡充し，とくに1930年代前半にはその動きが加速した。

　しかしこれらの行動により百貨店内部の経営資源不足という問題が発生した。品揃えの拡大を可能とした同一店舗の連続的増床および支店網の拡大は，百貨店の設備資産の増大や品揃えの拡大に伴う仕入資金の増大を招き，関東大震災および競争激化の影響による資金繰りの悪化も生じた。人的資源の面では，量的には店舗増床・多店舗化および大衆化による販売数量増加に対し人員増加が遅れがちであり，質的には新規取扱い商品の増加や新規大量採用，勤続年数が短い女性従業員の増加などがMDを実行する能力の低下を招いた。顧客情報の面では，百貨店が呉服店時代や第1期に対象としていたターゲットは，個人情報を把握し，購買行動を把握できる「顔の見える」顧客であった。これに対し第2期に進行した大衆化により，新中間層で不特定多数の「顔の見えない」顧客をターゲットとするようになり，需要の不確実性が増加した。

　他方で第1期の卸売業者は，江戸時代に比べて地位が低下していたものの，豊富な資金力，商品の企画力などを有していた。第2期において卸売業者は，1920年恐慌，昭和恐慌といった断続的に生じる不況期には競合他社との競争が激化し，かつ，関東大震災の復興過程で百貨店への販路確保を重視せざるを得ない状況におかれた。これらの状況に加え，納入業者は百貨店に対し商品の納入量，のれんの利用，金融面での優位性等に依存する関係が形成されていた。百貨店は口座制により納入業者を厳選し，納入業者は百貨店との取引を巡

り同業者間で激しい競争を繰り広げた。これにより納入業者は取引先の転換可能性が低い状況におかれた。このような状況は，百貨店は，納入業者に対し強力なバイイング・パワーを有するようになり，かつ，これを行使して取引条件を自社に優位に展開するようになった。

　これらの百貨店・納入業者双方の状況により，百貨店・納入業者間の取引において買取仕入に基づく返品，委託仕入および委託型出店契約が利用され，拡大していくこととなった。これらの取引慣行は，戦前期には現在とほぼ変わらない形態で利用されていた。

　このように，本書で検討対象とした取引慣行は，新商品における委託仕入の利用例や食堂での委託型出店契約の利用例を除き端緒が判然としないことが多いものの，百貨店が店舗を大規模化し，品揃えを大衆化した第2期に，リスク・仕入資金・MD力の各制約に対応する経営資源の不足を補完するために利用が拡大し始め，昭和恐慌等の影響により1930年代前半に利用が普及したと考えられる。

2．仕入形態・出店形態ごとの利用分野の相違

　第4章から第6章では，買取仕入に基づく返品，委託仕入および委託型出店契約に分けて，第一の視点である取引慣行の利用実態と普及理由，第二の視点である取引慣行ごとの利用分野の相違とその理由，第三の視点である仕入形態・出店形態利用下での百貨店・納入業者間の関係をそれぞれ分析した。

　第4章では買取仕入に基づく返品について各視点から分析した。戦前期において百貨店の経営環境の変化とこれに対応するために百貨店の大規模化・多店舗化と品揃えの大衆化が進行したことにより，百貨店では，仕入担当者の量・質の不足と仕入資金の不足が進行した。このため品揃え形成の際にこれら不足資源を補完する必要が生じ，百貨店は，各社で違いがあるものの，納入業者が商品の所有に伴うリスクや資金を負担する機能を有する買取仕入に基づく返品を行い，これを拡大した。返品が行われた商品分野は，百貨店の品揃えが大幅に拡大した際に新たに取扱われるようになり，仕入業務を実行する人的資源不足の目立つ分野であった。これに対し，納入業者のうちとくに卸売業者は，百

貨店の店舗の販売力やのれん，取引による金融上のメリットを享受することができるため，百貨店との取引を巡って激しい競争を繰り広げていた。この過程で卸売業者は競争手段として返品を受入れるようになり，その後の百貨店の成長や納入業者間のさらなる競争激化などもあり1930年代にかけて普及し，これに伴い返品制の弊害も顕在化した。

百貨店・納入業者間でリスク負担が明確化されていない「制度化されていない返品」を百貨店特殊指定の基準で許容されない返品と再定義し，戦前期の返品の質的な実態をみると，同指定で許容される返品特約付買取仕入に基づく返品や納入業者の申出を理由とする事後返品といった百貨店・納入業者間でリスク負担が明確化されている「制度化された返品」のほか，百貨店の一方的な都合による事後返品，商品管理上のリスクを転嫁する汚損品等の返品といった「制度化されていない返品」が併せて行われていた。また百貨店は，バイイング・パワーを利用して，返品など納入業者に不利益が生じる取引条件を強制的に受け入れさせることがあった。この点において，高岡（1997）は，戦前期の百貨店における返品制の質的な実態が「制度化された返品」であり，戦後復興期に「制度化されていない返品」に転換したと主張している。しかし，本章の分析から戦前期には「制度化された返品」と併せて百貨店がバイイング・パワーを行使した結果としての「制度化されていない返品」が行われており，戦後復興期も両者が行われていたため，戦前期と戦後復興期の返品には同質性があったといえる。

第5章では委託仕入について各視点から分析した。委託仕入は一般的な商取引において委託販売として，百貨店が誕生する以前から広く利用されている仕入形態であり，これが自然に百貨店と納入業者との取引にも利用されるようになった。委託販売と異なる委託仕入の特徴は，売上と仕入とを総額で計上する経理処理が行われることである。この処理は戦前期から行われていることを直接的に記述した資料はないものの，百貨店が仕入の一類型と認識していることを示す「委託仕入」との呼称が広く利用されていたこと，委託仕入と類似点が多い売上仕入で総額の会計処理を行っていたこと，百貨店の総仕入額に対する委託仕入のシェアを算出している文献があることから，委託仕入についても総額の会計処理を行っていたものと思われる。

2．仕入形態・出店形態ごとの利用分野の相違　169

　委託仕入が利用された商品分野として，売れ残りリスクが高い特殊商品や季節商品を指摘する事例が多く，雑貨，家庭用品等でも売れ残りリスクが高い前年度の実績を超える部分や，高額品，百貨店の購買顧客数が少ない閑散期などに委託仕入が利用されており，幅広い分野での利用例があることが明らかとなった。委託仕入の量的な利用は，仕入シェアの4％や2割と記述した資料があり，百貨店の仕入形態の中である程度普及していたことがうかがえる。一方で買取仕入に基づく返品と同様に，当時の百貨店の経営層は，委託仕入の多用が品揃えの質の低下を招き，ひいては百貨店のMD力を衰退させるなど百貨店経営に対し悪影響をもたらすことを認識しており，とくに大手の百貨店では，利用を抑制していた場合が多かった。このような委託仕入の下では，百貨店は納入業者のリスク・資金の負担機能を利用し，納入業者は在庫商品の販売促進のために百貨店の店舗，のれん，顧客網などの経営資源を利用するという互恵的な相互依存関係が成立していた。

　戦前期における委託仕入の利用例として指摘されている白木屋の特別現金仕入について，商品の所有権を納入業者が有し，商品の売れ残りリスクを納入業者が負担するなど委託仕入の特徴を有している。しかし，納入業者の資金繰りを悪化させないように仕入代金の見込み払いを行っている点が異なっており，返品特約付買取仕入と委託仕入の中間にある仕入形態と捉えることができる。特別現金仕入は，一時白木屋の仕入シェアの7割程度まで拡大したものの，当時の専務であった山田忍三が経営上の悪影響を懸念して利用を取りやめることとなった。この事例から，当時から委託仕入が百貨店の経営に悪影響をもたらすと認識されて利用が抑制されていたことが分かる。

　第6章では，委託型出店契約について各視点から分析した。ここでの検討結果として，戦前期において委託型出店契約は，多様な導入の端緒が推測できるものの，百貨店が品揃えを呉服やその周辺商品から衣食住全般，さらにはサービス提供分野の取扱いをするようになった際に売場でのMD力を補完することを目的として利用されており，とくに食堂では呉服店が百貨店化を開始した直後には利用され始めていた。時系列でみると，百貨店は，品揃えやサービス提供の取扱いを大幅に拡大していくに伴い，自らMD力を蓄積していない，あるいは取扱いに特殊な技術等が必要な商品・サービス提供分野や商品の売れ

残りリスクの高い食品，短期催事等で委託型出店契約を主として利用し，これを徐々に拡大した。これに対し，納入業者が委託型出店契約を利用して出店する目的としては，百貨店の店舗，のれん，顧客網を利用した直接的な売上増大，百貨店と取引することによる自らあるいは自らの取り扱う商品の信用力向上，資金繰り上のメリットの享受が挙げられる。

　出店場所での顧客に対する名義，ブランド等の掲示・表示という外観上の特徴は，一般的なものとして百貨店の名義，ブランド等を利用して百貨店の一部門として成立するタイプのものであった。これに対し，納入業者のブランド等を掲示・表示して百貨店の集客に利用するタイプの出店も食品の物産展，名店街，食堂などを中心に一部で利用されていた。そしてどちらのタイプにおいても，百貨店・納入業者が相互に相手方の経営資源を利用して収益を拡大するという互恵的な相互依存関係が成立していた。

　百貨店による納入業者に対する営業統制は，百貨店の取引上の地位の優位性を反映して，納入業者に一方的に約定を課す片務的なものとなっていた。こうした実態は，百貨店が納入業者に対し，経営資源の相互依存関係において優位に立ち，交渉力が強かったことを物語るものとなっている。他方で，通常の納入取引に比べ納入業者の資金繰りに配慮する，あるいは什器類を百貨店がすべて提供するなど，費用負担の面で現在より百貨店の負担が大きなものとなっており，口座により厳選した優良な納入業者と安定的な関係の構築を目指し，いずれも納入業者の資金繰りへの配慮がみられるものとなっていた。

　委託型出店契約の利用例として，当時の資料が比較的多い商品分野である実演販売，食品の物産展および名店街と，サービス提供分野である食堂の事例を検討した。実演販売と食品の物産展の事例は，現在の百貨店でも利用している短期間での催事販売の原型であり，名店街の事例は納入業者のブランド等を利用したインショップ形式（名店街タイプ）とこれを一定ゾーンに集積する展開の原型である。これらの出店方法は戦前期から利用されていたことが明らかとなった。食堂の事例では，百貨店の中でも百貨店化を開始した当初から食堂が導入された経緯もあり，第１期から食堂では委託型出店契約を用いて外部委託されていた。百貨店が食堂を外部委託した理由としては，食堂運営，とくに調理業務に関する技術的な難易度の高さに起因するものであった。この要因か

ら，食堂全体の外部委託のほか，調理業務のみ外部委託するという現在ではみられない手法も用いられていた。第2期に入ると，ここで得られる収益を取り込むために一部の百貨店は大食堂を直営化した。他方で自社の持つ経営資源の限界から外部委託を利用する百貨店もあり，あるいは前出の名店街と同様に，調理の難易度が大食堂よりも高い高級店，あるいは顧客に知名度が高い有名店を大食堂に併設する事例もみられた。一方で百貨店と食堂との関係を契約書から分析すると，百貨店が納入業者に対し優位に立ち，強い営業統制を行うものであった。

3．含　意

　以上，本書で検討したとおり，商品の売れ残りリスクや仕入資金を納入業者に負担させる機能を有する返品制や，これに加えて商品・サービス提供に不足する百貨店のMD力を納入業者から補完する機能を有する委託型出店契約といった取引慣行は，一部の呉服店が百貨店化を開始した第1期の当初には部分的に利用され始め，百貨店の品揃えが拡大し，かつ，大衆化するようになった第2期には普及した。また，これらの取引慣行の下では，百貨店は納入業者に対し一方的にリスク・資金を負担させ，あるいは従業員を派遣させるというだけでなく，納入業者も百貨店の重要な経営資源である店舗，のれん，顧客網を利用して収益を増加させるという，両者間にお互いの経営資源を利用し合う互恵的な相互依存関係が存在していたことが分かった。

　これら戦前期における取引慣行の普及経緯をみると，百貨店がバイイング・パワーを利用して買取仕入に基づく返品を押し付け，あるいは委託仕入や委託型出店契約（売上仕入）に切り替えたという側面だけではないことが明らかとなった。ただし，依存の非対称性により百貨店に優位な関係が形成されるのが一般的であり，とくに買取仕入に基づく返品については，後の戦後復興期に規制対象となった優越的地位の濫用に該当し得るような行為（制度化されていない返品）が行われていたことにも留意が必要である。

　他方で戦後復興期以降，当初は買取仕入に基づく返品が委託仕入に転換し，次いで売上仕入に転換し，これが現在の百貨店において主要な仕入形態となる

まで拡大していることを勘案すると，戦前期にはなぜこの転換が生じなかったのかという疑問が生じる。これについて，戦前期に買取仕入に基づく返品，委託仕入および委託型出店契約は，それぞれが百貨店のMD力の衰退につながり，百貨店経営に対し悪影響をもたらすという認識がなされており，当時の少なくとも大手百貨店の経営層は，これらの利用抑制を図っていたことを指摘することができる。とくに主力商品である呉服とその周辺の商品分野での利用抑制が強く行われており，百貨店のコアコンピタンスが守られていたという点が重要である。戦後復興期以降のこれら取引慣行の拡大は，百貨店の主力商品である衣料品分野において高度経済成長期以降，現在に至るまで徐々に進行したことが調査資料から明らかになっている。そしてこの拡大が先行研究が指摘するとおり百貨店の衰退要因のひとつになったと思われる。

　ここで衰退要因を解決するひとつの鍵となる指摘が既に戦前期に行われており，やや長くなるが引用する。「百貨店の大衆化は単に販売を機械的にするだけでなく，仕入においても同様の傾向を生む，自分で苦心し自分で創造したものでなく，他人の製作したものを批判し，選定するだけが仕入係の重要な仕事となるので，何とかして他の百貨店よりも先に優秀柄，変り型等を引き抜こうとする，特別の関係をつけて新製品を真先に見得る様努力する従ってそこには有力問屋と有力百貨店との物凄いせり合いが行われ返品問題，支払条件等が問題解決の鍵ともなって来る，支払をよくして歩引きを要求し或は優先権を獲得しようとし，少しでも他と変ったものを逸早く持参させるために返品を緩和して買取品を多くしたりする小細工が行われる，けれども元々同一系統の問屋から各百貨店が買うとしたら所詮そこにずば抜けた特色など現われるわけがない」[1]。この指摘をみると，結局のところ百貨店が完全買取仕入を利用することに加え，希少財の調達を可能にする新規仕入先の確保と売場の自主編集を実現しなければ，自らの店頭における品揃えの独自性を創出することが不可能ということになる。また，この創出ができなければ，同業他社あるいは他の小売業態に対し競争上優位に立つことは難しい。

　百貨店の主力商品である衣料品や身のまわり品の分野でみても，売上仕入を利用することにより力を付けた納入業者が小売業としてMD力を向上させており，百貨店の売場をコントロールしている。これに加え，元々小売業として

のMD力を有している海外のラグジュアリーブランドは，路面店の代わりに初期投資の負担が軽い百貨店のインショップとして出店し，自らの成長につなげている。これら納入業者は他の百貨店にも出店しているため，百貨店は，売上仕入を用いてこれらのMD力に依存し品揃えを形成する限り，「場所貸し業」から脱却して品揃えの独自性を発揮することはできない。

　さらにいえば，独自のマーケティング戦略を展開し，成長を遂げた大手の製造小売業者（SPA）が衣料品など消費財の流通において勢力を有している中，百貨店がこれら製造小売業者から商品を買取仕入で調達し，しかも他の百貨店に対する品揃えの独自性を創出することが益々難しくなってきている。そこで，百貨店が商品の品揃えにおいて独自性を発揮するには，小規模な製造業者が生産する優良な希少財を内外問わず集荷するMD力に磨きをかけること，あるいは自らが主導して商品開発が可能なSPAに取り組むなど，生産に踏み込んだシステムを構築することが必要といえる。

　一方で，委託型出店契約が取引慣行として百貨店に大規模に普及している現状を勘案すれば，この契約の利用を前提とした新たなビジネスモデル構築を模索する必要があろう。例えば，百貨店の重要な経営資源である巨大な店舗とのれん，優良な顧客網を効率的・効果的に活用しながら独自性を創出するストアオペレーションや，このオペレーションの下で委託型出店契約により出店する納入業者の営業を適切に統制する手法に，それぞれ磨きをかけることが挙げられる。こうした百貨店経営の再生方法は，百貨店が直面する内部・外部の経営環境をふまえた上で，さらに検討すべき大きな問題である。この問題の答えを得るには，返品制・委託型出店契約の実態と百貨店経営に与えた影響を歴史的に分析することが一助となる。

　最後に，残された研究課題として次の2点を指摘する。第一に，戦前期と戦後復興期における取引慣行を比較した場合に，連続性があったのかという点が挙げられる。本書では，戦前期と戦後復興期の取引慣行の実態（取引慣行の態様，利用分野・目的などの質的側面）が類似したものであったことを明らかにした。一方で，その中間にある戦時期における取引慣行の実態が文献・資料の制約から判然としないため，連続したものであったのか，あるいは戦時期の断絶を挟んで質的側面が類似する別のものであったのか明らかにすることができ

なかった。このため本書では両期間において取引慣行に「同質性」があったと結論付けている。今後，両期間における取引慣行の連続性の有無を明らかにするため，戦時期における実態解明が必要である。

　第二に，本書で分析したとおり取引慣行の利用は，百貨店の経営に正負の影響を与えるものである。百貨店が不振を極める経営の再生を図るためには，当該制度の実態を正確に捉え，かつ，これが経営に与えた影響を歴史的に分析することが重要となる。このため，戦後復興期以降現在に至るまでの期間において，取引慣行がどのように変化し，現状の課題はどこにあるのか，生産・流通・消費の変化や製造業者・卸売業者・百貨店それぞれの経営戦略の変化を踏まえた上で分析する必要がある。これらの分析により，衰退期に突入している百貨店経営を仕入面で再生する糸口が発見できる可能性がある。これらの課題については，今後研究を継続したい。

注
1　『中外商業新報』1937 年 5 月 18 日。

参考文献

Berman, Barry et al.（2018）, *Retail Management: A Strategic Approach*, 13th ed., Pearson.
Fox Williams（2019）, *A Concession Agreement for You*, Fox Williams LLP.
McMichael, Stanley L.（1974）, *Leases: Percentage, Short and Long Term*, Printice-hall, Inc.
Whitman, Dale A. et al.（2019）, *Law of Property*, 4th ed., West Academic Press.
Worthington, Steve（1988）, "Consessionaires—A Strategic Option for Retailers," *European Journal of Marketing*, Vol. 22, Iss. 3.
青木均・尾碕眞・岡野純司（2020）『最新流通論』創成社。
秋山正明（1933）「実演販売（売上仕入）に就て」『立教大学経済学会報』2巻4号，pp. 10-12。
朝日新聞社政治経済部編（1930）『中小商工業の話（朝日政治経済叢書第9）』朝日新聞社。
あずさ監査法人編（2010）『業種別アカウンティング・シリーズ6　小売業の会計実務』中央経済社。
新井田剛（2010）『百貨店のビジネスシステム変革』碩学舎。
有賀禄郎（1932）『百貨店の跳躍・小売商の対策』時事新報社。
RR生（1928）「飲食都としての大大阪を表象ずる大阪三大百貨店食堂評判記」『実業之日本』31巻23号，pp. 106-109。
飯塚三郎（1939）「非常時経営の内幕」『商店界』19巻4号，pp. 89-92。
石井明（2012）「パーセンテージ・リースをめぐる会計問題」『上武大学ビジネス情報学部紀要』第11巻第1号，pp. 31-52。
伊勢丹広報担当社史編纂事務局編（1990）『伊勢丹百年史』伊勢丹。
伊藤太文・和田芳郎編（1964）『私の歩んだ道⑲』産業研究所。
市村利雄（2003）「委託販売・試用販売・予約販売等の収益」『税務通信』58巻5号，pp. 16-23。
井上達雄（1965）『高等簿記論』学芸書房。
今川春雄（1936）「問屋が語る百貨店取引の裏」『商店界』16巻1号，pp. 129-131。
上野陽一（1933）「返品の原因に関する分析研究」『会計』33巻3号，pp. 29-44。
上原稔（1934）「小百貨店はどうなる」『商店界』14巻3号，pp. 41-44。
浦添為宗（1923）『内国実践商業文提要』岡村書店。
江尻弘（2003）『百貨店返品制の研究』中央経済社。
NBL編集部（1973）「委託売買の経理処理—法的形式と会計形式の矛盾を衝く—」『NBL』50号，pp. 20-25。
江見政利編（1940）『京鹿の子紋の調査』京都商工会議所。
大浦裕二・佐藤和憲編（2021）『フードビジネス論』ミネルヴァ書房。
大阪朝日新聞編集部編（1926）『商売うらおもて（続編）』日本評論社。
大阪市役所産業部（1928）『大阪の帽子業（大阪市産業叢書第1編）』大阪市。
大阪商業会議所（1911）『大阪商工名録』文徳堂。
大阪髙島屋本部編（1937）『大阪髙島屋四十年史』大阪髙島屋本部。
大島直次編（2007）『[新版] 商業ビル・SCのためのテナント賃料設定＆契約マネジメント実務資

料』綜合ユニコム。
大塚龍児（1985）「委託販売契約」遠藤浩ほか監修『現代契約法大系 第 4 巻 商品売買・消費者契約・区分所有建物』有斐閣，pp. 25-53。
大西泰博・大木満（1996）「借家契約の締結」篠塚昭次ほか編『法律知識ライブラリー 2 借地借家法の基礎知識下巻』青林書院，pp. 307-322。
大野文雄・矢野正則（1983）『精選版契約全書 上巻（新版）』青林書院。
岡田康司（1991）『百貨店業界 第 6 版』教育社。
岡野純司（2002）「百貨店における品揃え形式と返品制―戦前における返品制の歴史を中心に―」『法政大学大学院経営学専攻マーケティング・コース研究成果集』法政大学，pp.1-85。
岡野純司（2004a）「百貨店の返品制成立過程と実態―戦前における返品制の歴史を素材として」『月間経営管理』524 号，pp.10-19。
岡野純司（2004b）「百貨店業における優越的地位の濫用規制―特殊指定の制定を素材として」『中央大学大学院研究年報法学研究科篇』33 号，pp.453-469。
岡野純司（2006）「優越的地位の認定―大規模小売業者に対する規制を素材にして」『中央大学大学院研究年報法学研究科篇』35 号，pp.281-301。
岡野純司（2011）「大丸松坂屋百貨店：店舗運営改革」矢作敏行編『日本の優秀小売企業の底力』日本経済新聞出版社，pp.285-319。
岡野純司（2012）「大規模小売業者・納入業者間の売上仕入契約―百貨店の事例を素材として」現代企業法研究会編『企業間提携契約の理論と実務』判例タイムズ社，pp.17-49。
岡野純司（2019）「戦前期の百貨店における返品制の実態分析」『専修経営学論集』107 号，pp.81-102。
岡野純司（2020）「百貨店における委託型出店契約の類型と特徴」『流通研究（愛知学院大学流通科学研究所所報）』26 号，pp.1-19。
岡野純司（2021a）「戦前期の百貨店における委託型出店契約の実態分析」『商学研究（愛知学院大学論叢）』61 巻 2・3 号，pp.33-56。
岡野純司（2021b）「戦前期の百貨店における返品の実態分析」『SBJ －碩学舎ビジネスジャーナル－』43 号，pp.1-13。
岡野純司（2022）「百貨店における委託仕入の実態分析（1）」『AGU ビジネスレビュー（愛知学院大学ビジネス科学研究所所報）』2 号，pp.63-78。
岡野純司（2023）「戦前期の三越による日本橋本店の食堂展開―百貨店にとって新たな営業分野の取り組み事例」宮副謙司編著『三越 350 年―営業革新と挑戦の歴史―』同友館，pp.191-225。
岡部孝好（2000）「消化仕入れの取引デザイン」『会計』158 巻 4 号，pp. 1-16。
岡部孝好（2005）「裁量行動としての売上高のグロスアップ」『国民経済雑誌』191 巻 6 号，pp. 37-50。
小山田道弥（1984）『日本のファッション産業』ダイヤモンド社。
樫山純三（1998）『樫山純三―走れオンワード事業と競馬に賭けた 50 年（人間の記録 69）』日本図書センター。
片柳昂二（2009）「ショッピングセンターにおけるテナント退店とその対応」『NBL』906 号，pp. 60-65。
加藤敦（2000）「不完備契約としての返品制―その成立と意義の変化」『青山国際政経大学院紀要』11 号，pp. 163-193。
加藤諭（2016）「戦前期東北の百貨店業形成―藤崎を事例に―」荒武賢一朗編『東北から見える近世・

参考文献

近現代―さまざまな視点から豊かな歴史像へ―』岩田書院，pp. 147-187。
門田正清（1936）『百貨店，産業組合，公設市場に対する今後の小売店と商店街及商業組合』小売店問題研究所。
川副保（1936）『灯　日本司厨業界人物歌風景　第1輯』ホテルタイムズ社。
川副保編（1966）『百味往来』山口勇治翁傘寿記念出版の会。
河田賢一（2010）「百貨店のマーケティング―取引慣行の生成とその後の苦境―」マーケティング史研究会編『日本企業のマーケティング（シリーズ・歴史から学ぶマーケティング第2巻）』同文舘，pp. 222-236。
河津暹（1930）『中小農工商問題（時事問題講座10）』日本評論社。
川端基夫（2013）『（改訂版）立地ウォーズ―企業・地域の成長戦略と「場所のチカラ」』新評論。
神崎宣武（2004）「女将・料理人・仲居」髙田公理編『料理屋のコスモロジー（食の文化フォーラム22）』ドメス出版，pp. 85-104。
岸田雅雄（2003）『ゼミナール商法総則・商行為法入門』有斐閣。
北尾鐐之助（1932）『近畿景観第三編　近代大阪』創元社。
北田内藏司（1931）『百貨店及連鎖店』成文堂。
北村勝己（1934）「百貨店食堂を直営制度に変えた頃」『食通』2年3号，pp. 31-33。
木下明浩（2004）「衣料品流通―コモディティからブランドへの転換―」石原武政・矢作敏行編『日本の流通百年』有斐閣，pp. 133-172。
木下明浩（2011）『アパレル産業のマーケティング史―ブランド構築と小売機能の包摂―』同文舘出版。
草之助（1926）「五大百貨店の食堂戦」『実業之日本』29巻4号，pp. 81-84。
倉本長治（1936）「百貨店の生態を見よ」『商店界』16巻6号，pp. 26-29。
倉本長治（1937）『正しい売り方仕入れ方（小売店経営叢書2）』新興機械販売。
栗屋義純（1931）『百貨店対抗新経営法』青山堂書店。
公正取引委員会事務局調査部（1952）『デパートの不公正競争方法に関する調査』公正取引委員会。
国際食品開発（1977）『食品の二幸五十年の歩み』国際食品開発。
50年史編集委員会編（1998）『株式会社阪急百貨店50年史』阪急百貨店。
児林百合松（1920）『商業会計』天地書房。
小松徹三（1933）『日本百貨店総覧第1巻　三越』百貨店商報社。
小松徹三編（1938）『京浜デパート大観』百貨店日日新聞社。
小茂田邦治（1963）『百貨店太平記』繊維小売新聞社。
近藤智子（2006）「百貨店をめぐる「食」の変容」―昭和戦前期を中心に―」『生活学論叢』11号，pp. 54-61。
佐藤肇（1982）『日本の流通機構―流通問題分析の基礎（再販）』有斐閣。
佐藤肇・高丘季昭（1970）『現代の百貨店』日本経済新聞社（日経文庫）。
実業の世界編集部（1934）「デパートの仕入方」『実業の世界』31巻4号，pp. 112-116。
清水晶・土屋好重編（1951）『百貨店経営：販売業者の百科事典』東洋書館。
清水正巳（1919）『現代式経営と店員の使い方』佐藤出版部。
下田將美（1930）『経済と生活』一元社。
社会調査協会（1931）『現代職業総覧　商業篇II』春秋社。
社史編集委員会編（1969）『松屋百年史』松屋。
商工省商務局編（1930）『商取引組織及系統に関する調査（陶磁器）』日本商工会議所。

商店界編集部（1934）「馬鹿に出来ぬ百貨店の副業、賃貸売場の成績と内容─益々増加の傾向を示している─」『商店界』14巻4号，pp. 130-131．
食通編集部（1937）「東京上野松坂屋六階に於ける本誌主催第二回上方うまいもの会」『食通』5年1号，pp. 26-27．
白石幸三郎編（1930）『中小商工業の話』朝日新聞社．
白木屋（1957）『白木屋三百年史』白木屋．
鈴木安昭編（1998）『百貨店のあゆみ』日本百貨店協会．
鈴木安昭（1980）『昭和初期の小売商問題─百貨店と中小商店の角逐』日本経済新聞社．
鈴木英雄（2001）『勧工場の研究』創英社．
関根保胤編（1934）『日本司厨士協同会沿革史』日本司厨士協同会．
繊維工業構造改善事業協会（1993）『アパレルリテール─ファッション小売の知識と実務─』繊維工業構造改善事業協会．
そごう社長室弘報室編（1969）『そごう社史』そごう．
ダイヤモンド社編（1931）『増補版 経済記事の基礎知識』ダイヤモンド社．
大丸二百五十年史編集委員会（1967）『大丸二百五十年史』大丸．
大丸本部調査部（1938）『昭和十二年日本百貨店一覧（研究資料第30輯）』大丸．
高岡美佳（1997）「戦後復興期の日本の百貨店と委託仕入─日本的取引慣行の形成過程─」『経営史学』32巻1号，pp. 1-35．
高木良昌（2017）「委託販売」『税理』60巻12号，pp. 27-32．
髙島屋135年史編集委員会（1968）『髙島屋135年史』髙島屋．
髙島屋150年史編纂委員会編（1982）『髙島屋150年史』髙島屋．
瀧本誠一・向井鹿松編（1927）『日本産業資料大系第九巻』中外商業新報社．
田口冬樹（2016）『体系流通論（新版）』白桃書房．
田島義博（1988）『マーチャンダイジングの知識』日本経済新聞社．
多田應幹（2003）「百貨店とアパレルメーカーの取引慣行─消化仕入を中心にして─」『流通』16号，pp. 58-64．
多田應幹（2011）「百貨店の「返品制」とそのメカニズム」『桜美林論考 ビジネスマネジメントレビュー』2号，pp. 63-78．
通商産業大臣官房調査統計部編（1950）『重要商品の流通機構 第1集』商工会館出版部．
塚本鉢三郎・田中八壽男（1950）『百貨店思出話』百貨店思出話刊行会．
土屋好重（1955）『百貨店』新紀元社．
坪井晋也（2013a）「委託仕入に関する一考察（1）─百貨店の経営環境について─」『倉敷市立短期大学研究紀要』57号，pp. 87-95．
坪井晋也（2013b）「委託仕入に関する一考察（2）─山田忍三について─」『倉敷市立短期大学研究紀要』57号，pp. 97-107．
T・A・M（1935）「百貨店対納入者の返品問題」『カレントヒストリー』2巻12号，pp. 124-126．
苳衣生（1927）「一代の人気男山田忍三氏奮闘伝（下）」『実業之日本』30巻10号，pp. 28-31．
東京市社会局（1937）『東京市 問屋制小工業調査』東京市社会局．
東京市役所（1932）『問屋制工業調査（第一輯）』東京市役所．
東京ニット卸商業組合編（1991）『東京ニット卸商業組合30年史』東京ニット卸商業組合．
東洋経済新報編集部（1930）「苦戦状態の白木屋」『東洋経済新報』1408号，pp. 21-23．
中川善之助・松島泰（1967）『現代実務法律講座 改正借地・借家法』青林書院新社．

中込省三（1975）『日本の衣服産業』東洋経済。
中西聡編（2013）『日本経済の歴史』名古屋大学出版会。
中西聡・二谷智子（2018）『近代日本の消費と生活世界』吉川弘文館。
中村章治（1934）「百貨店と織物仕入の基準」『染織之流行』16巻7月号，p. 21。
日本百貨店組合調査彙報編集部（1940）「百貨店の洋服地仕入実情」『日本百貨店組合調査彙報』昭和15年4月号，pp. 369-373。
日本百貨店商業組合調査彙報編集部（1936）「組合員店の食堂調査」『日本百貨店商業組合調査彙報』4年3号，pp. 21-34。
日本百貨店商業組合調査彙報編集部（1937）「ストックの統制と調節法」『日本百貨店商業組合調査彙報』5年1月号，pp. 21-48。
日本百貨店通信社編（1937）『輝く大阪三越』日本百貨店通信社。
能勢昌雄（1938）「百貨店催物論考」『三田広告研究』24号，pp. 105-109。
初田亨（1993）『百貨店の誕生』三省堂。
阪急百貨店社史編集委員会編（1976）『株式会社阪急百貨店25年史』阪急百貨店。
久冨哲幹（1934）「百貨店の返品問題に就いて」『経営経済研究』16冊，pp. 92-98。
檜六郎（1930）『中・小商工農業者は没落か？更生か？』大衆公論社。
百貨店事業研究会（1935）『百貨店の実相』東洋経済新報社。
百貨店新聞社編（1934）『世界百貨店要覧』百貨店新聞社。
百貨店新聞社編（1936）『大阪急』百貨店新聞社。
平井泰太郎（1933）『経済座談』千倉書房。
平井泰太郎（1938）「近代都市に於ける小売配給市場としての百貨店形態」内池博士記念論文集刊行会編『内池廉吉博士還暦祝賀記念商學論集』同文館，pp. 217-255。
福田敬太郎・本田實（1940）「附録　委託販売に関する一研究―成果物委託販売に伴う弊害の強制について」『生鮮食料品配給統制』千倉書房。
古山宏（1954）『法曹実務シリーズⅡ　判例借地借家法』判例タイムズ社。
堀新一（1937）『百貨店問題の研究』有斐閣。
前波仲子（1931）『百貨店対抗策 小売店の新戦術』春陽堂。
松坂屋伊藤祐民伝刊行会編（1952）『伊藤祐民伝』松坂屋伊藤祐民伝刊行会。
松田慎三（1933）『デパートメントストア訂』日本評論社。
松田慎三・坂倉芳明（1960）『百貨店』有斐閣（〈日本の産業〉シリーズ7）。
松宮三郎（1934）『百貨店読本』成美堂書店。
丸紅社史編纂室編（1977）『丸紅前史』丸紅。
三越（1986）「部門別歴史シリーズ⑥食堂物語」『金字塔』1986年1月号。
三越（1990）『株式会社三越85年の記録』三越。
三越（2005）『株式会社三越100年の記録』三越。
三越呉服店（1916）「食堂の改良＝しること団子と果物もさし上げます＝」『三越』6巻4号，p. 43。
宮野力哉（2002）『絵とき百貨店「文化誌」』日本経済新聞社。
宮本又郎ほか（2007）『日本経営史（新版）』有斐閣。
向井鹿松（1941）『百貨店の過去現在及将来』同文館。
村本福松（1937）『百貨店経営とその問題』文雅堂。
柳川眞佐夫（1949）「戦後の借家問題と法解釈（一）」『法律時報』240号，pp. 3-10。
矢作敏行（1996）『現代流通―理論とケースで学ぶ』有斐閣。

山田忍三（1930）『百貨店経営と小売業』千倉書房。
山本嘉彦（2004）「営業収益（売上高）」『税務弘報』2004年3月号，pp. 243-256。
四元賢（1932）「百貨店界噂聞書」『商店界』12巻1号，pp. 51-53。
竜池令宜（1930）『虚栄殿堂大百貨店物語』国際商工連盟会。

索　引

事　項

【数字・アルファベット】

concession agreement　35-36
leased department　→リースド・デパートメントの項目を参照
MD（マーチャンダイジング）　11-14, 33, 36, 38, 41, 45, 48, 65, 75, 130, 166
　――（定義）　11
　――機能　71
　――業務（に関する業務）　13-14, 20, 25, 30, 64-65, 73, 165
　――による制約　13-14, 26
　――力　13, 22, 36-37, 48, 52, 65, 68-69, 71, 88, 90-91, 94, 109, 116-117, 122, 124, 126-128, 132-135, 157-159, 164-165, 167, 169, 171-173
SPA（製造小売業）　173

【ア行】

委託型出店契約　2, 4, 6, 9, 14, 33, 37-45, 47-48, 52-53, 62-63, 69, 71, 73, 76, 121, 123-124, 126-127, 129, 131-133, 141, 143, 152, 155-157, 164-167, 169, 171-172
　――（定義）　2
　――3類型　30, 32-35, 47-48, 71, 121, 125, 153, 157, 165
　――の先行研究　4
　――の利用実態　121
委託仕入　1, 4, 7, 15, 17, 19-24, 26, 52, 63, 71, 73, 76, 81, 85, 87, 98-99, 101-103, 105-114, 116-118, 123, 131, 133, 164-165, 167-168, 171
　――（概要）　17-18
　――の利用実態　98
委託取引　3, 80, 112
委託販売　4, 24, 98-101, 106, 108, 112, 117, 168
　――契約　17
一般的な利用タイプ　126-127
インショップ（箱売場）　2, 32, 35, 42-43, 45-48, 74, 141, 165, 173
　――形式　41, 139, 142, 158, 170
請負制度　72, 124-125
売上仕入（消化仕入）　1, 9, 15, 18-23, 25-26, 30, 34-35, 42, 48, 71, 73, 81, 87, 118, 122-123, 125, 128, 133, 135, 165-166, 171, 173
　――（概要）　18-20
　――員　19
売上未達成のリスク　39-40, 46
売場の自主編集　172
営業統制　2, 31, 33-34, 43-44, 46-48, 122, 124, 130-131, 155, 157, 165, 170-171

【カ行】

会計処理　4-5, 9, 18, 20, 24, 31, 34-35, 98-100, 102, 105, 117, 122, 168
買取仕入　1, 15, 17, 19, 45, 73, 105-106, 108, 110-111, 113, 116, 131, 144
　――（概要）　15-17
　――に基づく返品　5, 7, 52, 63, 76, 80-81, 91, 93, 133, 164, 167, 171
　――に基づく返品の利用実態　80
買回品　10-11, 13, 62
勧工場　122
完全買取仕入　1, 15-17, 20-23, 26, 72-73, 81, 83-89, 165, 172
関東大震災　54-55, 58-60, 63, 68-69, 75, 86, 111, 115, 147, 150, 166

希少財　133, 172-173
季節商品　12, 104, 106-108, 117, 128, 133, 169
協賛金の提供　87
許容される返品　82-84, 92, 94
金融機能　18, 20, 22, 68, 87, 101
経営資源の補完行為　52
経営資源の補完効果　7, 33, 36
契約主体　24, 32, 39, 42-48, 165
　　――間　34-35
契約書　5, 25, 31-35, 44, 130-131, 155-156, 158, 171
ケース貸　1-2, 4, 30-31, 34-35, 42, 48, 72-73, 122-123, 125, 129-130, 165
　　――の概要　31
口座　14-15, 70, 86, 132, 156, 158, 170
　　――制　14, 75, 166
顧客吸引力　10
顧客情報　68, 75, 166
互恵的な相互依存関係　23, 33, 48, 117, 127, 129, 143, 157, 164-165, 169-171
固定賃料　39, 153
コンパリゾン・ショッピング　10-12

【サ行】

催事販売　11, 24, 126, 128, 131, 139, 158, 170
差入形式　131, 155
サービス提供　31, 33-34, 44, 60, 73, 75, 124, 128, 130, 132, 157, 166, 169, 171
　　――業務　31, 156
　　――部門　31, 34-35, 69, 154
　　――分野　6, 36, 58, 73, 121-123, 126, 133, 142-143, 157-158, 169-170
仕入形態（定義）　1
　　――の概要　14
　　――の先行研究　2
仕入資金　6, 12-14, 17-18, 22, 30, 33, 62-63, 68, 71, 75, 87, 102, 106, 109-110, 113, 164, 166-167, 171
　　――による制約　12-14, 26, 164
　　――の不足　63, 93, 105, 107, 116, 167
　　――の負担　9, 15-16, 18-20, 22-23, 25-26, 35, 81, 101, 109, 113, 165

　　――の補完　103
敷金・保証金　40, 45-46
市場的な在庫調整手段　13
実演販売　121, 125, 128, 132-135, 139, 158, 170
支店網の拡大　60, 75, 166
品揃え形成　9, 11-12, 22, 30, 48, 63, 94, 165, 167
品揃えの拡大　52, 57-60, 62, 65, 67, 75, 126, 166
シャワー効果　155
集客力　3, 44, 62, 107, 126-129, 141-142
出張販売　57, 103, 144
出店形態（定義）　1-2
商品回転率　12, 14, 71, 106, 134
商品管理上のリスク　11, 16-20, 23, 26, 33, 38-39, 46, 83-84, 90, 94, 147, 164-165, 168
商品代金未回収のリスク　38-39
商品の売れ残りリスク　4, 6, 11, 14, 16-17, 20-21, 26, 33, 38-39, 68, 83-84, 86, 91, 101-103, 106, 109-110, 115, 117-118, 164-165, 169, 171
　　――の負担　21-22, 25, 82, 113
　　――の分担　82, 90
商品の所有権　11, 16, 17, 19-21, 33, 39, 81, 117, 169
情報的資源　67
情報的な在庫調整手段　12
昭和恐慌　58, 86, 102, 166-167
　　――期　6, 58, 62-63, 75, 101, 103, 117
食堂　57-59, 73, 121, 123-126, 132, 143-158, 167, 169-171
　　――の直営化　147-148
食堂運営　124, 143, 145-152, 154-155, 158, 170
　　――に関する誓約書　155
食品の物産展　121, 133, 139, 141, 157-158, 170
女性従業員　65-67, 75, 166
ショッピングセンター　2, 35, 37
新中間層　52-54, 56-57, 75, 145, 147, 149, 152, 158, 166
人的資源　6, 13-14, 26, 64-65, 67-68, 71, 75, 85-86, 88, 90, 94, 116, 133, 164, 166-167
ストアオペレーション　11, 32, 34, 173

索　引　*183*

生活の洋風化　52-54, 75, 166
正常な商慣習　82-83
生鮮食品　59, 122, 125-126
制度化された返品　3-4, 83, 90, 93-94, 168
制度化されていない返品　3-4, 80-82, 84, 89-90, 93-94, 168, 171
誓約書　131, 155-156
設備資産　75, 166
設備投資　40, 45, 62, 105
繊維品　55-56, 69, 88, 101
善管注意義務　18, 20-21
戦後復興期（定義）　5
戦時期（定義）　5
戦前期（定義）　5
セントラルキッチン　150-151
倉庫スペース　68, 84
組織的な在庫調整手段　14

【タ行】

第1期　5, 57, 60, 73, 75, 123-124, 157-158, 166, 170-171
　──（定義）　5-6
第2期　5-6, 57-58, 60, 63-64, 67-69, 71, 73, 75-76, 86, 94, 101, 117, 157-158, 166-167, 171
　──（定義）　5-6
第一次百貨店法　62
大衆化　5, 52, 57-59, 63-64, 67, 73, 75, 91, 93, 147, 149, 166-167, 171-172
大食堂　145-146, 149-150, 152-153, 158, 171
棚卸　17, 24, 111-114
多頻度小口発注　12, 68
短期催事　12, 157, 170
中小商工業者　69, 71, 124, 126, 128-129
調理業務　143, 145-146, 148, 150-151, 154-155, 158, 170-171
賃貸売場　123, 125, 132
賃貸型出店契約　2, 7, 30, 37-48, 125, 153, 165-166
　──の概要　37
賃貸形式　124
通常在庫　12

定期建物賃貸借契約（定期借家契約）　37-38
ディベロッパー　37-38
手形　70, 86, 113-114, 129
　──払い　70, 113-114, 116
手伝い店員　45, 87
テナント　38
デパート屋　69
問屋（といや）　17, 24, 99-100
同一店舗の連続的増床　57, 60, 75, 166
特殊商品　58, 69, 73, 102-103, 106, 117, 125-128, 131-133, 158, 169
特別現金仕入　3-4, 80, 98-99, 106-107, 110-117, 169
特別食堂　125, 149-150, 152-153
都市化　52-53, 75, 166

【ナ行】

名板貸責任　42
日用品　57-59, 75, 166
納入業者の資金繰り　116-117, 129, 131, 155-157, 169-170
のれん　32, 57, 70-71, 75, 94, 116, 129, 142, 156, 166, 168
　──街方式　141

【ハ行】

バイイング・パワー　71, 76, 84, 91-92, 94, 167-168, 171
派遣店員　2-3, 16-17, 19-20, 25, 33, 41, 45, 112, 123, 130, 165
　──制　3, 6, 14, 20, 37, 164
場所貸し業　37, 173
販売業務委託　2, 4, 30-31, 34-35, 42, 48, 73, 122, 124-125, 165
　──の概要　30
百貨店化　5, 52, 57-58, 64, 67, 73, 88, 101, 123-124, 126, 143, 157-158, 169-171
百貨店特殊指定　4, 25, 80, 82-84, 87, 90, 92-94, 168
百貨店の店舗，のれん，顧客網　23, 32-33, 38, 41, 48, 109, 117, 126-127, 156-157, 165, 169-170

百貨店の名義，ブランド 31-34, 42, 47-48, 73, 157, 170
平場 43, 73-74, 122, 126, 133
歩合制度 124
不良在庫 12-14, 71
　　──の組織的調整手段 84
不良品返品 84
変動賃料 39, 41
返品制 3-7, 9, 14, 16, 26, 37, 52, 62, 69, 71, 73, 76, 80, 101, 111, 115-116, 128, 164-166, 168, 171
返品特約付買取仕入 1, 4, 14-18, 20-26, 71, 73, 81-82, 84, 87-89, 94, 113, 118, 165, 168
返品問題 84, 86, 92, 172

【マ行】

マージン率 2, 9, 16-20, 22-23, 26, 33, 41, 45, 48, 103, 105-106, 108, 113, 147, 154, 165
マーチャンダイジング →MDの項目を参照
見込み払い 113-114, 117, 169
名店街 69, 121, 127, 133, 139, 158, 170
　　──タイプ 126-128, 140, 142, 158, 170

【ヤ行】

優越的地位の濫用 2, 81, 171
　　──行為 16
洋服化 54-55

【ラ行】

ラグジュアリーブランド 173
リスクによる制約 11-14, 26, 164
リスク負担 15-16, 18-20
リースド・デパートメント
　　（leased department） 35, 123, 132
リースライン 43
良品返品 83-84, 87
廉売 57-58, 133
　　──用商品 87, 92, 108, 110

【ワ行】

ワンストップ・ショッピング 10-11, 58

人　名

【ア行】

大村彦太郎 111

【カ行】

樫山純三 3, 80
北田内蔵司 109
北村勝巳 149
倉知誠矢 145

【タ行】

塚本鉢三郎 106
土田治三郎 146

【マ行】

美川多三郎 85

【ヤ行】

山田忍三 98, 110-112, 116-117, 169

組織・会社名

【ア行】

伊勢丹 59-60, 64, 106
オンワード樫山 3, 80

【カ行】

京浜デパート 125-126, 152

【サ行】

サカエヤ（同朋舎） 135, 151
食通社 136
白木屋 3-4, 58-59, 80, 98-99, 106-107, 110-117, 144, 146, 169
　　──日本橋本店 60, 140-141, 143
スエヒロ 135, 137, 152
精養軒 146-147
千疋屋 125, 140
そごう大阪本店 125, 140-141, 152

【タ行】

大鉄百貨店　54, 74
大丸　58, 85, 149
　——呉服店　101, 123
髙島屋　58, 60, 67, 103, 107, 139
　——東京店　138-139
　——南海店　54, 152
竹葉亭　151-152
東洋軒　145-146, 149
東横百貨店　54, 141, 149

【ナ行】

二幸（二幸商会）　150
野田屋　125, 152

【ハ行】

阪急百貨店　54, 149, 151

美松　107
藤崎　74, 126, 132

【マ行】

松坂屋　58-60, 65, 106, 150-151
　——上野店　74, 135-137, 139, 147, 150-151
　——大阪店　151
　——銀座店　151
　——静岡店　151
　——名古屋店　141-142
松屋　58, 106, 146, 152
丸紅　101, 106, 108, 115
三越　57-59, 62, 64-65, 67, 85, 103, 106, 109, 111, 126, 146, 148, 150-151
　——大阪店　147
　——新宿店　65
　——日本橋本店　54, 60, 65, 143-145, 147, 150

著者紹介

岡野 純司（おかの・じゅんじ）

1972年東京に生まれる。百貨店，鉄道会社に22年間勤務した後，2017年に愛知学院大学商学部専任講師として着任。准教授を経て2024年より愛知学院大学商学部教授。2020年に碩学舎第6回碩学舎賞第二席を受賞（論文「戦前期の百貨店における返品の実態分析」）。主な著書に『最新流通論』（共著：2020年，創成社），『流通政策の基礎』（共編著：2022年，五絃舎）など。

百貨店における取引慣行の実態分析
――戦前期の返品制と委託型出店契約――

2025年3月31日 第1版第1刷発行	検印省略

著者 岡野 純司
発行者 前野 隆
発行所 株式会社 文眞堂
東京都新宿区早稲田鶴巻町533
電話 03(3202)8480
FAX 03(3203)2638
https://www.bunshin-do.co.jp/
〒162-0041 振替00120-2-96437

印刷・モリモト印刷／製本・高地製本所
©2025
定価はカバー裏に表示してあります
ISBN978-4-8309-5273-9　C3034